Für wohlhabende Weiße
(siehe Fotos)

Komm und sieh –
Den christlichen Glauben neu entdecken

S. 15, 16, 18, 19 - 20, 21, 23, 24, 25, 44, 54, 55, 56, 60-62, 64, 65, 66-67, 67 für Bärbel, 68-70, 72, 73, 74-77, 78-82, 85, 94, 95, 96, 98, 100,

101 für Kirchengegner

106-107

Komm und sieh!

Den christlichen Glauben neu entdecken

WeG Verlag

Autoren: Leo Tanner und Marcel Bregenzer, in Zusammenarbeit mit Klemens Armbruster und Urban Camenzind-Herzog

WeG Verlag

Hrsg.: Internationales Projektteam Wege erwachsenen Glaubens (IPW). Im IPW haben sich Verantwortliche aus verschiedenen Diözesen und Arbeitsbereichen zusammengefunden, die Erwachsenen neue Zugänge zum Glauben erschliessen möchten. Das IPW besteht zurzeit aus folgenden Personen: Klemens Armbruster (Diözesanreferent), Marcel Bregenzer (Verheirateter Diakon), Urban Camenzind (Verheirateter Diakon), Theresa Herzog (Rechtsanwältin), P. Hubert Lenz SAC (Professor) und Leo Tanner (Pfarrer).

Coverfoto: Ant Clausen / fotolia.de
Covergestaltung: D&D Medien

Druck: Fuck, Druckerei und Verlag, D-56072 Koblenz

3. Überarbeitete Auflage 2013

ISBN 978-3-909085-74-3

Inhaltsverzeichnis

Hinweis

Auf der Homepage www.leotanner.ch können die Vorträge zu diesem Kurs auch angehört und heruntergeladen werden. Ebenso können Sie dort eine Kurzfassung der Vorträge als Video anschauen.

Einführung

Sie haben die Schrift *«Komm und sieh! Den christlichen Glauben neu entdecken»* in der Hand. Wie der Titel sagt, geht es in dieser Schrift um eine Neuentdeckung des christlichen Glaubens, oder besser gesagt: es geht darum Gott neu oder vertieft kennen zu lernen.

Sie haben drei Möglichkeiten, diese Schrift zu verwenden:

– *Als persönliche Bereicherung.* Dann werden Sie die Texte und die Meditationen auf die Art und Weise lesen, wie Sie es gewöhnlich mit Büchern tun.

– *Als Impulstext für einen persönlichen Wegprozess.* Dazu brauchen Sie mindestens acht Wochen Zeit. Der Wegprozess kann jedoch auch länger dauern. Entscheidend ist nicht das Tempo, sondern der Tiefgang des Weges. In diesem Fall empfehlen wir[1], jeweils nach einem Kapitel das Gelesene mit Hilfe des Teilnehmerheftes[2] in einer «Stillen Zeit» zu verinnerlichen. Dazu werden wir Sie jeweils mit der Einleitung «Liebe Leserin, lieber Leser» auffordern.

Vielleicht nehmen Sie auch an einem Glaubenskurs teil und möchten hier den Impuls nachlesen.

– *Als Grundlage für einen Glaubenskurs.* Sie finden hier, ein wenig ergänzt, die Referate des Glaubenskurses. Mit diesem Buch sind Sie über den Inhalt des Glaubenskurses, den Sie frei ändern können, informiert. Für die Durchführung des Glaubenskurses «Komm und sieh!» in einer grösseren Gruppe oder in einer Pfarrei wurden die Referentenunterlagen mit CD und DVDs ausgearbeitet. Damit können Sie den Glaubenskurs auch in einer Kleingruppe durchführen. Zur Vertiefung zwischen den Treffen empfehlen wir ebenfalls, das Teilnehmerheft zu benutzen.

Wie Sie auch immer mit dieser Schrift umgehen, wir wünschen Ihnen viel Freude und die Erfahrung der wohltuenden Nähe des Dreifaltigen Gottes.

Leo Tanner und Marcel Bregenzer

1 Wenn später im Text die Ich-Form vorkommt, ist Leo Tanner gemeint.

2 Komm und sieh! Teilnehmerheft zum Glaubenskurs, WeG Verlag

1. Jeder Mensch ein Original – «Du bist einzigartig!»

Während des Baues einer mittelalterlichen Kathedrale wurde – unabhängig voneinander – drei Steinhauern die Frage gestellt: «Was machst du da?» Der erste antwortete in einem gelangweilten Ton: «Wie du siehst, haue ich Steine.» Der zweite sagte: «Ich verdiene Geld für mich und den Unterhalt meiner Familie.» Der dritte antwortete freudig: «Ich baue an einer grossen Kathedrale!»

Diese drei Männer verrichten alle die gleiche Arbeit, doch sie deuten ihr Tun unterschiedlich. Der erste arbeitet gelangweilt. Für ihn bedeutet Arbeit Last und Mühsal. Für den zweiten ist die Arbeit ein Job, ein Broterwerb. Der dritte ist bei der gleichen Arbeit glücklich. Er sagt: «Ich baue an einer grossen Kathedrale. Ich bin Mitarbeiter an einem grossen Werk.» Diese Sicht seiner Arbeit gibt ihm Wert und Sinn. Vermutlich wird er später einmal voll Stolz den Kindern und Enkelkindern erzählen: «Diese Kathedrale haben wir gebaut!»

Eine Mutter kann zum Beispiel die Hausarbeit als Last, als etwas Mühsames oder als ihren Job ansehen, ebenso die Kindererziehung, das Putzen und Waschen. «Was bringt es schon», kann sie resigniert sagen, «die Wäsche wird ja immer wieder schmutzig!» Sie kann aber die gleiche Arbeit auch anders sehen; nämlich als Teil von etwas Grossem, von etwas überaus Bedeutsamem: «Ich baue mit dieser einfachen Arbeit an der neuen Gesellschaft der Zukunft.»

Die Dinge neu sehen. Darauf kommt es an. Denn nicht was ich tue macht den Wert aus, sondern wie ich es sehe und wie ich es tue. Dazu ein Text aus der Weisheitsliteratur des Ersten[3] (Alten) Testamentes: *«Mehr als auf alles andere, achte auf deine Gedanken, denn sie bestimmen dein Leben» (Spr 4,23 aus: Gute Nachricht).*

Sinn verleiht Kraft

Die prägende Kraft der Gedanken erlebte der Wiener Psychiater Viktor Frankl auch im Konzentrationslager. Er sah, dass die gleiche

3 Um auszudrücken, dass «Altes Testament» nicht mit veraltet oder überholt verwechselt wird, wird oft vom «Ersten Testament» gesprochen. Da der Begriff «Altes Testament» im Volk sehr vertraut ist, haben wir uns für diese Schreibweise entschieden

katastrophale Lebenssituation von den Lagerinsassen unterschiedlich gemeistert wurde. Einige Insassen hatten kaum Kraft und sind schon bald den schwierigen Bedingungen erlegen. Andere entwickelten trotz der schwierigen Haftbedingungen Kraft und überlebten. Woher dieser Unterschied?

Viktor Frankl ging dieser Frage nach und stellte fest, dass all diejenigen, die ihre Lebenssituation im Konzentrationslager als sinnlos ansahen, viel schneller entmutigt waren und weniger Widerstandskraft besassen. Dass die andern aber, die selbst dieser Lebenssituation noch einen Sinn abgewinnen konnten, Kraft erhielten. Sinn verleiht Kraft.

Sinn hat mit Sehen, mit neuem Sehen, zu tun. Der christliche Glaube will uns helfen, unsere Lebenssituation, unsere Mitmenschen, ja die ganze Schöpfung in einem neuen Licht zu sehen – im Licht der Frohbotschaft Gottes.

Die eigene Originalität entdecken

In den Augen Gottes ist das Leben jedes Menschen einmalig. Jeder Mensch ist ein Original. Jeden Menschen, ja alles in der Schöpfung gibt es nur ein einziges Mal. Alles ist einzigartig, ein Unikat. Von der Kriminologie wissen wir, dass jeder durch seinen Fingerabdruck oder durch die Analyse der Erbsubstanz eindeutig identifiziert werden kann.

Das zeigt: Sie und ich – wir alle sind Originale! Einmalig kostbar und unersetzlich! Niemals war Gott so einfallslos bequem, dass Er Kopien machte oder gar von einem besonders gut gelungenen Original eine ganze Serie herstellte. Nein, Gott war und ist schöpferisch. Daher ist alles in Seiner Schöpfung einzigartig und einmalig. Jeder Grashalm ist einmalig. Jeder Baum ist einmalig, jede Blume, jeder Stein, alles ist einmalig. Gott kopiert nicht. Vielmehr erschafft Er alles neu, einmalig und originell. In dieser Originalität berühren wir ein Geheimnis, das tiefe Geheimnis unseres Lebens.

Wir können unsere Originalität entdecken in der:

Begegnung mit Menschen

Der Dichter Rainer Maria Rilke (1875–1926) ging täglich während seines Pariser Aufenthaltes um die Mittagszeit in Begleitung einer jungen Französin an einer alten Bettlerin vorbei. Stumm

und unbeweglich sass die alte Frau da und nahm die Gaben der Vorübergehenden ohne jedes Anzeichen von Dankbarkeit entgegen. Zur Verwunderung seiner Begleiterin, die selbst immer eine Münze bereit hatte, gab ihr der Dichter aber nichts. Auf die Frage, warum er nichts gebe, sagte er: «Man müsste ihrem Herzen schenken, nicht ihrer Hand.»

Am nächsten Tag erschien Rilke mit einer wundervollen, halb erblühten Rose. «Ah», dachte die Begleiterin, «eine Blume für mich, wie schön!» Aber Rilke legte die Rose in die Hand der Bettlerin. Da stand die Frau auf, griff nach seiner Hand, küsste sie und ging mit der Rose davon. Eine Woche lang blieb sie verschwunden. Dann sass sie wieder auf ihrem Platz, stumm und starr wie zuvor. Da fragte die Begleiterin: «Wovon hat sie die ganze Woche gelebt?» Rilke antwortete: «Von der Rose!»

Die Rose liess diese Frau spüren, dass auch sie Ansehen hatte. Die Rose liess sie Liebe erfahren. Diese Rose wurde ihr zum Zeichen und zur inneren Bestätigung der Wahrheit: «Du bist einzigartig. Du bist ein wertvoller Mensch. Du hast Würde.» Dadurch lebte die Bettlerin auf.

Wir können unsere Originalität entdecken in der:

Begegnung mit der Schöpfung

Der Goldregenpfeifer hat die Grösse einer Taube und fliegt ohne Zwischenhalt jeden Herbst von Alaska aus auf die Insel Hawaii. Ohne Pause fliegt er an einem Stück 4'500 km weit. Drei Tage und vier Nächte ist er unterwegs. Bis heute ist es unerklärbar, woher der Vogel das Ziel kennt und warum er auf seinem Flug keinen Grad vom Kurs abweicht, was tödliche Folgen hätte. Sein Treibstoff, welchen er sich zuvor anfrisst, und den er ganz aufbraucht, besteht aus 70 Gramm Fett. Wir können fragen: Wer hat dem Goldregenpfeifer den inneren Drang für diese Reise gegeben? Wer zeigt ihm in stockfinsterer Nacht und bei Regen sowie den unterschiedlichen Windeinflüssen den Weg?

Wir berühren da ein Geheimnis, das in so vielem in der Schöpfung gegenwärtig und erfahrbar ist. Ein Geheimnis, das wir im Wechsel der Jahreszeiten, in der Befruchtung der Pflanzen, im Mit- und Ineinander überall in der Natur beobachten können. Alles ist miteinander in Beziehung. Hinter all diesen Vorgängen der Natur steckt ein Sinn, ein Geheimnis.

Blaise Pascal, (1623–1662) ein französischer Naturwissenschaftler und Philosoph sagte: «Das Ende der Dinge und ihr Anfang sind unwiderruflich verborgen in einem unerforschlichen Geheimnis.» Anfang und Ende, ja unser ganzes Menschsein, ist letztlich hineingewoben in ein Geheimnis. Wissen wir, wer oder was wir als Menschen wirklich sind? Wissen wir, woher wir kommen und wer hinter dem Geheimnis unseres Lebens steht? Ja, steckt überhaupt jemand dahinter?

Der englische Physiker Newton (1643-1727) wurde von seinem Freund besucht, der ungläubig war und behauptete, dass die Welt ganz zufällig entstanden sei. Er wollte Newton überzeugen, dass es keinen Schöpfergott gebe. Newton gab ihm auf diese Behauptung keine Antwort, was diesen erstaunte. Als sein Freund gegangen war, begann Newton, aus Metall ein Modell unseres Sonnensystems zu erstellen. Als er fertig war, stellte er es in sein Zimmer.

Als ein paar Tage später sein Freund wieder kam, sah dieser das Modell des Sonnensystems. Er nahm es in seine Hände und prüfte es. Dann sagte er zu Newton: «Das ist gut gemacht, das stimmt genau. Sag mir, wer hat das gemacht?» Da gab Newton zur Antwort: «Niemand, das war auf einmal da.» Darauf meinte der Freund: «Ach was, mach dich nicht lustig über mich. Sag mir, wer hat das Modell gemacht?» Darauf antwortete Newton: «Du kannst nicht glauben, dass ein solches Spielzeug existiert, ohne von einem intelligenten Wesen geschaffen worden zu sein, und du willst, dass ich glaube, dass die riesigen Planeten und alle Sterne mit ihrer erstaunlichen Mechanik einfach von selbst entstanden sind?» Darauf ging der Freund still und nachdenklich weg.

Diese Erfahrung weist darauf hin, dass die Annahme eines grossen und weisen Schöpfer-Gottes durchaus vernünftig ist. Schöpfung bedeutet, dass hinter allem, was existiert, ein «Jemand» steht. Damit ist noch nichts über das Wie des Schöpfungsvorgangs ausgesagt.

Wir können unsere Originalität entdecken in der:

Begegnung mit Gott

Wie kommt es, dass ich lebe? Keiner von uns hat sich eines Tages hingesetzt und sich überlegt: Es wäre doch schön, wenn ich leben würde, und im Übrigen: So gross möchte ich sein, solche Augen, Beine, Haare möchte ich haben, diese und jene Gefühle sollten in mir sein, so möchte ich denken können ... und hat sich dann selbst «hergestellt».

Nein, die Wahrheit über meinem Leben lautet: Ich bin geworden, ohne dass ich etwas dazu tat. Eines Tages habe ich festgestellt und ist mir bewusst geworden, dass ich lebe!

Wie bin ich geworden? Bin ich, sind wir, das Produkt einer mehr oder weniger zufälligen Intimbegegnung zweier Menschen, oder kann ich hinter meinem Leben das Geheimnis einer grossen Liebe, nämlich der Liebe Gottes erahnen, wie dies der Psalmist betend bekennt: *«Du hast mein Inneres geschaffen, mich gewoben im Schoss meiner Mutter. Ich danke dir, dass du mich so wunderbar gestaltet hast. Ich weiss: Staunenswert sind deine Werke. Als ich geformt wurde im Dunkeln, kunstvoll gewirkt in den Tiefen der Erde, waren meine Glieder dir nicht verborgen. Deine Augen sahen, wie ich entstand, in deinem Buch war schon alles verzeichnet; meine Tage waren schon gebildet, als noch keiner von ihnen da war.» (Ps 139,13–16)*

«Ich danke dir, dass du mich so wunderbar gestaltet hast.» Gilt das auch für mich?! Kann ich mich auch so sehen? Kann ich danken für das Wunder, das ich bin?

Wenn Gott uns geschaffen hat, dann weiss auch nur Er, aus welchem Grund und zu welchem Ziel Er uns geschaffen hat. Um das

Geheimnis unseres Lebens besser verstehen zu können, betrachten wir zwei Texte aus der Heiligen Schrift.

Geschaffen als Abbild Gottes

Im ersten Kapitel der Bibel lesen wir: *«Gott schuf also den Menschen als sein Abbild; als Abbild Gottes schuf er ihn. Als Mann und Frau schuf er sie» (Gen 1,27).* Gott ist der Schöpfer des Menschen. Er hat ihn gewollt und ins Leben gerufen.

Ein Jugendlicher kommt aus der Schule und sagt: «Du Mama, du hast mir immer gesagt, dass der Mensch von Gott geschaffen sei. Doch der Lehrer in der Schule sagt, dass wir vom Affen abstammen.» Darauf kann die Mutter sagen: «Unser Körper, den wir über die Eltern durch viele Generationen empfangen haben, kann sich aus dem Tierreich entwickelt haben. Doch das Abbild-Gottes-Sein, unsere Originalität, unser Ich, – wir können dem auch Seele sagen, – hat Gott ganz persönlich im Akt der Zeugung unserer Eltern geschaffen. Dort hat Er etwas von sich in uns hineingelegt.»

Nur der Mensch ist als «Abbild Gottes» geschaffen worden. Damit hat er etwas, was als alle anderen Geschöpfe nicht haben: Er ist eine Person und zu einer persönlichen Beziehung, zur Gemeinschaft mit Gott fähig und berufen. Das ist seine grösste Würde. Damit will Gott in jedem Menschen auf einmalige Weise etwas von Seiner eigenen göttlichen Schönheit, Liebe, Barmherzigkeit, Herrlichkeit ... abbilden und aufleuchten lassen und zwar durch die ganze Ewigkeit hindurch.

Der Heilsplan Gottes

Der Epheserbrief – eine Art Rundschreiben an die Christen, welche ca. 60 n. Chr. in Kleinasien lebten – beginnt mit einem Loblied auf den Heilsplan Gottes: *«Denn in ihm (Christus) hat er (Gott) uns erwählt vor der Erschaffung der Welt, damit wir heilig und untadelig leben vor Gott; er hat uns aus Liebe im Voraus dazu bestimmt, seine (Töchter und) Söhne zu werden durch Jesus Christus und nach seinem gnädigen Willen zu ihm zu gelangen, zum Lob seiner herrlichen Gnade» (Eph 1,4-6a).*

«Erwählt vor der Erschaffung der Welt»

Wissenschaftler schätzen das Alter unserer Schöpfung auf 15 bis 25 Milliarden Jahre. Unabhängig von diesen Zahlen sagt der erste Vers dieses Textes, dass Gott uns schon vor diesem Zeitpunkt erwählt hat.

In einer Familie mit drei Kindern schauten die älteren zwei Knaben Fotos aus ihrer Kindheit an. Da kam der 10 Jahre jüngere Bruder hinzu und fragte, warum er denn nicht auf den Fotos zu sehen sei. Da lachten die zwei älteren und sagten: «Da warst du noch hinter dem Mond.» Der kleine Bruder wurde traurig, ging zum Papa und sagte: «Sag Papa, das stimmt doch nicht: Ich war nicht hinter dem Mond!» «Nein», gab der Vater zur Antwort, «du warst damals im Herzen Gottes.» Dies beruhigte und erfreute den Jungen.

Wir alle waren bevor Gott uns ins Leben gerufen hat, im Herzen Gottes geborgen. Das heisst: Unser Leben ist kein Zufall, denn Gott hat jede und jeden von uns gewollt und «erwählt». Gott hat sich gefreut, als ich im Jahre ... das Licht der Welt erblickte. Von Gott her bin ich 100%ig gewollt. Ich bin ein Kind der Liebe, ein Geschenk Gottes für die Welt. Und da ich 100%ig gewollt bin, ist es gut, dass es mich gibt. Und das gilt für jeden von uns: Wir alle sind Geschöpfe der Liebe, bejaht, gewollt und willkommen.

Gott sagt zu jedem von uns: «Es ist gut, dass es dich gibt!» Dieser Satz kann einen Menschen tief berühren und im Herzen Freude auslösen. Er kann aber auch wehtun oder Wut und Aggression auslösen. Denn viele schmerzliche Erfahrungen können es einem Menschen fast unmöglich machen, diese Bejahung für sich selbst anzunehmen. Sich selbst, das eigene Geheimnis, den eigenen Wert zu lieben, das kann das Schwierigste sein, und dennoch ist dies der Schlüssel zu einem glücklichen Leben.

Wahre Selbstliebe ist das Gegenteil von Egoismus. Es ist der Anfang der Nächstenliebe. Denn die Annahme von Liebe macht liebesfähig. Jesus hat im Liebesgebot sehr deutlich davon gesprochen: *«Du sollst deinen Nächsten lieben wie dich selbst» (Mk 12,31).*

Wer sich selber als Geheimnis achtet, sich liebevoll mit Wert und Würde betrachtet, wird auch das Geheimnis seiner Mitmenschen achten. Wer umgekehrt sein eigenes Leben nicht schätzt, den Wert nicht annimmt, den er hat und wer sich selber immer wieder klein, niedrig und negativ macht, der wird dies auch bei anderen tun. Also, tun Sie sich jeden Tag wahrhaft etwas Gutes, dann werden es Ihre Mitmenschen gut mit Ihnen haben!

Gerade wenn wir am Leben leiden, wenn wir uns nach mehr Lebensfreude sehnen, kann uns der nächste Gedanke helfen:

«Damit wir heilig und untadelig leben vor Gott»

«Heilig» ist für viele Menschen ein schwieriges Wort. Viele möchten ja gar nicht «heilig» werden, denn sie verbinden dieses Wort mit superfromm, weltfremd, verkrümmt, usw. Doch im Wort «heilig» steckt der Ausdruck «heil». Es geht darum, heil, gut, froh, ganz, ohne Minderwertigkeitsgefühle und ohne falsche Angst zu sein.

«Heilig» meint eine liebende Beziehung zu mir selbst zu haben, sodass ich in den Spiegel schaue und mich einfach freuen kann, an dem was ich sehe.

«Heilig» meint zu jedem Menschen eine positive Beziehung zu haben und ihn in seiner Originalität zu schätzen. Ich erinnere mich an eine Goldene Hochzeit. Nach dem Gottesdienst gab es ein Festessen, wo Kinder, Grosskinder und Urgrosskinder beisammen waren. Mitten im Fest stand der bald 80-jährige Mann auf und hielt eine kleine Ansprache. Weil seine Frau meinte, er benehme sich un-

schicklich, redete sie dazwischen und gab ihm mit dem Ellbogen mehrmals einen kleinen Stups. Da dachte ich mir: «O je! Jetzt sind sie 50 Jahre lang verheiratet und die Frau kann ihn immer noch nicht lassen, wie er ist. Immer noch will sie ihn nach ihrem Bild haben.» Und wie ist das bei Ihnen, bei Ihrer Frau, Ihrem Mann, Ihren Kindern: Können Sie sie zuerst einfach mal annehmen und lassen wie sie sind, ohne sie nach Ihrem Wunschbild verändern zu wollen?

«Heilig» meint eine so gute Beziehung zu Gott zu haben, dass ich mich von Herzen über Gott freuen kann, dass eine Wärme, ein sanftes Glück in mir aufsteigt, wenn ich an Ihn denke.

«Heilig» meint eine so gute Beziehung *zur Schöpfung* zu haben, dass ich für sie Sorge trage und mich an ihren Schönheiten freue.

Beim Heiligwerden geht es ums Ganzwerden. Die Einzigartigkeit und Originalität meiner Person soll aufblühen und meine Liebesfähigkeit sich entfalten können. Wir sind weiter:

«Aus Liebe dazu bestimmt, seine (Töchter und) Söhne zu werden durch Jesus Christus»

«Aus Liebe» zeigt: hinter unserem Leben steckt eine ganz grosse Liebe. «Bestimmt» weist darauf hin, dass es erst dann stimmig in uns wird, wenn wir uns als Gottes geliebte Kinder, als Töchter und Söhne Gottes verstehen und uns von Herzen darüber freuen.

Der Weg in diese neue Identität und vertraute Beziehung zu Gott ist Jesus Christus, wie Er selbst sagt: *«Ich bin der Weg und die Wahrheit und das Leben; niemand kommt zum Vater außer durch mich» (Joh 14,6).* Das letzte Ziel des Lebens, besteht darin:

«Zu ihm zu gelangen, zum Lobe seiner herrlichen Gnade»

Das heisst: Unser Leben hat Zukunft. Mit der Zukunft, dem Altwerden ist es in unserem Leben so eine Sache. Bis man achtzehn Jahre alt ist, möchte man meist älter sein. So ab dreissig beginnt es bei vielen, dass sie wieder jünger sein möchten. Es ist geradezu eine Ehre, wenn Frauen und Männer jünger geschätzt werden.

Da eröffnet uns dieser Text eine neue Perspektive. Er sagt: Ob wir zwanzig, sechzig oder hundert Jahre alt sind, das Schönste, Herrlichste, Erfüllendste unseres Lebens steht vor uns! Unser Leben hat eine Zukunft, die weit über alles irdische Glück hinausgeht. Das Beste ist immer noch vor uns, nämlich unserem Schöpfer zu begegnen und Ihn zusammen mit unzähligen Frauen und Männern aller Völker unaufhörlich zu loben.

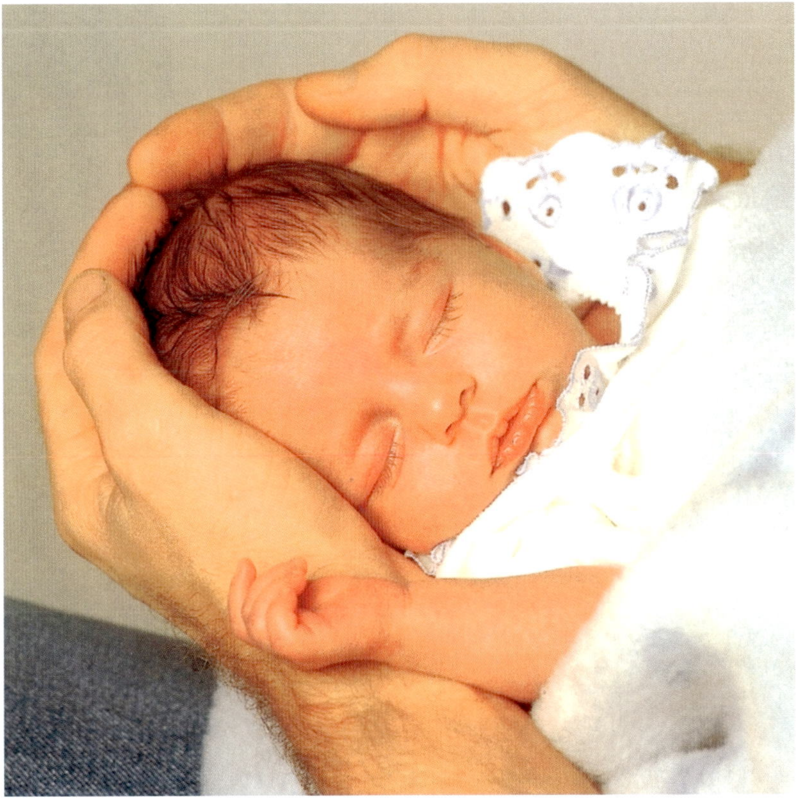

Wir sehen ein kleines Kind. Das könnte ich, mein Leben, sein. Ich bin als Original, als Sein Bild geschaffen, von Ihm gewollt und geliebt. Immer schon war ich im Herzen jenes geheimnisvollen Du. Weil Er es will, lebe ich, und darum ist es gut, dass es mich gibt.

Die beiden Hände schenken Geborgenheit. Ich bin hineingenommen in ein grosses Geheimnis, das mich und uns alle umgibt. Ich bin geborgen in einem grossen Herzen, im Herzen Gottes. Da darf ich einfach sein, darf einfach «ich» sein. Da hinein darf ich mich fallen lassen. Und dort bin ich angenommen, geliebt und geschätzt.

Gott selber ist es, der zu mir sagt: «Du bist kostbar, überaus kostbar in meinen Augen. Dich habe ich gewollt! Ich habe Freude an dir und deinem Leben. Ich habe Freude an dir, weil du einzigartig bist – ein kostbares Original – und weil ich dich unendlich liebe!»

Das Geheimnis verkosten

Die Bibel entschlüsselt uns das Geheimnis. Ein Geheimnis will innerlich wahrgenommen und verkostet werden. Dann wird es zu einer Quelle, die uns von innen her nährt. Dazu ein Gebet von Romano Guardini (1885-1968):

«Immerfort blickt mich dein Auge an,
und ich lebe aus deinem Blick,
du mein Schöpfer und mein Heil.
Lehre mich in der Stille deiner Gegenwart
das Geheimnis zu verstehen, das ich bin.
Und dass ich bin durch dich
und vor dir und für dich.»

Lassen Sie dieses Bild des Kindes in den Vaterarmen immer wieder aus Ihrem Innern aufsteigen. Es soll Ihnen immer wieder sagen, dass Sie ein einzigartig und ein wertvoller Mensch sind. Dies gilt für alle, auch für Erwachsene und auch für ältere Menschen, wie die folgende Geschichte zeigt: Ein altes Ehepaar geht zu Bett. Liebevoll schaut der Mann seine Frau an und streichelt ihre faltigen Hände. Er sagt: «Schon mehr als 50 Jahre sind wir glücklich, meine Liebste. Glaub mir, wenn ich sage: nicht für eine Million gäbe ich dich her!» «Das weiss ich Toni», sagt seine Frau, «auch du bist nicht zu kaufen. Auch nicht für eine Million.»

So liegen die zwei beisammen, am Rande ihres Lebens. Zwei Menschen, die so viel gegeben hatten. Sie sagt zu ihm: «Schlaf gut, Toni!» Er gibt ihr einen Kuss und flüstert: «Hast du die Tür abgeschlossen, Theres? Hier im Bett liegen schliesslich zwei Millionen.»

Liebe Leserin, lieber Leser

Sie entscheiden nun, ob Sie die Gedanken dieses Buches einfach lesen, oder ob Sie sich auf einen geistlichen Weg einlassen möchten. Wenn Sie das Zweite anstreben, laden wir Sie ein, zum Teilnehmerheft des Kurses «Komm und sieh» zu greifen und die vorgeschlagenen Texte in der kommenden Woche zu vertiefen.

2. Gott ist anders – «Wenn einer mit dir geht!»

Romano Guardini (1885–1968) schreibt: «Jeder Mensch ist ein Wort, das Gott nur über diesen einmaligen Menschen spricht. Meine Aufgabe besteht nun darin, dieses einmalige Wort Gottes, das in mir Fleisch geworden ist, in dieser Welt vernehmbar zu machen.»

Dies kann geschehen wenn wir dem lebendigen Gott begegnen.

Erfahrungen

Der Begriff «Gott» ruft bei allen Menschen irgendwelche Vorstellungen hervor. Ob diese Vorstellungen aber tatsächlich mit dem wahren und lebendigen Gott zu tun haben, ist unsicher. Karl Rahner (1904–1984), einer der grössten Theologen des 20. Jahrhunderts, sagte: «Gott sei Dank gibt es nicht, was sechzig bis achtzig Prozent der Zeitgenossen sich unter Gott vorstellen.» Woher kommt diese Diskrepanz zwischen unseren Bildern von Gott und Gott selbst?

Unsere Vorstellungen von Gott entstehen in uns vor allem aufgrund der Erfahrungen unserer Lebensgeschichte. Dazu einen Satz aus der letzten Einheit. Gott *«hat uns aus Liebe im Voraus dazu bestimmt, seine* (Töchter und) *Söhne zu werden» (Eph 1,5).* Die Worte «Tochter» und «Sohn» weisen auf Vater und Mutter hin. Sich Gott als Vater oder Mutter vorzustellen, ist nicht für jeden Menschen eine gute und froh machende Botschaft.

Für Menschen, die z. B. von ihren Eltern nicht erwünscht waren und wenig geliebt wurden, ist die Botschaft «Gott ist ein Vater; Gott ist eine Mutter», keine gute Botschaft.

Denn für ein Kind ist Gott zuerst wie der vergrösserte Vater, wie die vergrösserte Mutter. Wenn ich das Wort «Gott» höre, und dabei steigen in mir Gefühle auf, die mich an die Mutter oder an meinen Vater erinnern, kann mich das, je nach den gemachten Erfahrungen mit meinen Eltern, freuen oder es mir auch schwerer machen, mich diesem Gott zu öffnen.

Hier wird deutlich, dass all unser Reden von Gott begrenzt ist. Und doch können wir nicht anders als in Bildern und Vergleichen von Gott sprechen. Doch Gott ist immer grösser als all unsere Vorstellungen von Ihm. «Deus semper major» – Gott ist immer grösser, lautet deshalb ein alter theologischer Satz. Denn an all unseren Vorstellungen und Bildern klebt der Schmutz begrenzter, enttäuschter, menschlicher Beziehungserfahrungen. Denn Gott ist unendlich grösser, unbegreiflich und unfassbar. Er ist und bleibt ein Geheimnis, das Geheimnis einer grösseren Liebe.

Offenbarung als Weg

Die Bibel zeigt, dass das Erkennen Gottes im Leben des Einzelnen, des Gottesvolkes, ein Weg ist. Dazu ein Beispiel: Ursprünglich waren die Israeliten Nomaden. Nomaden, wie jede Volksgruppe und Kultur, haben in manchem ihre eigenen Gesetze und Vorstellungen. Als Nomaden waren sie von einem Ort zum anderen unterwegs. Solches Umherziehen beinhaltete viele Gefahren. Um die einzelnen Stämme vor Überfällen anderer zu schützen, hatten sie das Gesetz: Eins zu sieben. Wird einer von uns umgebracht, dann dürfen wir sieben bei den anderen umbringen. In diesem Sinn schützte Gott Kain und sprach: *«Darum soll jeder, der Kain erschlägt, siebenfacher Rache verfallen» (Gen 4,15).* Siebenfach war bereits eine Einschränkung des willkürlichen und uferlosen Rächens, von dem Lamech sagt: *«Wird Kain siebenfach gerächt, dann Lamech siebenundsiebzigfach» (Gen 4,24).*

In diese Situation, in der die siebenfache Rache als normal und als Wille Gottes angesehen wurde, kommt nun Mose und sagt: Nein, so nicht! Gott hat mir gesagt, eins zu eins. *«Leben für Leben, Auge für Auge, Zahn für Zahn, ...» (Ex 21,23f).* Was, nur noch eins zu eins!? – so wird das Volk reagiert haben. Gewaltig mussten die Israeliten umdenken. Hätte Mose das verkündet, was Jesus Jahrhunderte später sagte: *«Liebt eure Feinde ...» (Mt 5,44)*, so wären sie völlig überfordert gewesen. Umdenken braucht Zeit. Schritt für Schritt konnte Jahwe Sein Volk weiterführen. Langsam weitet sich der Horizont der Menschen. Deshalb das 77malige Verzeihen.

Dieser Weg ist auch nach Jesus weiter gegangen und ereignet sich neu und in der Geschichte jedes Menschen. So hatte und hat jede Epoche ihre eigenen Bilder von Gott, die manchmal mehr vom Zeitgeist und der jeweiligen Kultur geprägt waren, als vom Evangelium. Das führte im Lauf der Kirchengeschichte zu vielfältigen Verwirrungen. Die Kreuzzüge sind dafür ein sprechendes Beispiel. Darum muss in jeder Zeit neu nach dem Bild des wahren Gottes, oder bes-

ser nach dem lebendigen Gott, gefragt werden. Dabei ist entscheidend nicht den Bildern, sondern dem lebendigen Gott zu begegnen!

Ich bin der «Ich-bin-da»

Mose begegnete Gott an einem Dornbusch, der brannte und doch nicht verbrannte. Als er sich diesem Dornbusch nähern wollte, hörte er eine Stimme und er erkannte, dass Gott mit ihm sprach. Gott sagte, dass Er die Not Seines Volkes in Ägypten gesehen habe und auf dessen Flehen antworten werde. Er übertrug Mose die Aufgabe, Sein Volk aus der Knechtschaft in die Freiheit zu führen.

Als Mose Gott fragte, wie Sein Name sei, was er den Israeliten über Ihn berichten soll, gab Er ihm beim brennenden Dornbusch folgende Antwort: *«Ich bin der 'Ich-bin-da'» (Ex 3,14)*. Jahwe offenbart sich als der immer Gegenwärtige, der nahe und lebendige Gott. Zugleich weist Er darauf hin, dass niemand über Ihn verfügen und Ihn fixieren kann. Gott ist also in allen Situationen bei uns und mit uns unterwegs und für uns da, auch jetzt.

Jesus Christus Sohn Gottes, Retter
Anfangsbuchstaben auf Griechisch: FISCH

Jesus von Nazaret

Dieses Mitgehen Gottes hat in der Menschwerdung Gottes in Jesus von Nazaret eine neue Dimension erhalten. In Ihm hat sich der «Ich-bin-da» in unüberbietbarer Weise geoffenbart. Als Christinnen und Christen glauben wir nicht an irgendeinen Gott, sondern an den Gott, den Jesus in Seinem Leben erfahren und uns verkündet hat.

Jesus ist der Einzige, der uns authentisch Kunde von Gott geben kann. Der Evangelist Johannes drückt dies so aus: *«Niemand hat Gott je gesehen. Der Einzige, der Gott ist und am Herzen des Vaters ruht, er hat Kunde gebracht!» (Joh 1,18)* Dieses Ruhen am Herzen Gottes war spürbar im Leben Jesu. Die Leute erlebten damals in Jesus einen Menschen, der frei war, in allen Situationen die Wahrheit zu leben. Er war frei, über Vorurteile, lebensverhindernde Barrieren und einengende Gebote hinwegzugehen. Jesus war fähig, alle Menschen zu lieben und allen mit Barmherzigkeit zu begegnen. Er strahlte Klarheit, Mut, Selbstsicherheit, Ruhe und Liebe aus. Er wich Konflikten und Spannungen nicht aus, sondern war bereit, sie durch zu tragen. Man spürte: Jesus lebte ganz aus einer inneren Quelle.

Diese Quelle wurde in der Taufe am Jordan offenbar. Nachdem sich Jesus von Johannes dem Täufer hatte taufen lassen, und sich damit ganz mit den Menschen solidarisierte, *«sah er, dass der Himmel sich öffnete und der Geist wie eine Taube auf ihn herabkam. Und eine Stimme aus dem Himmel sprach: Du bist mein geliebter Sohn, an dir habe ich Gefallen gefunden» (Mk 1,10bf).*

Hier wurden all Seine Ahnungen und Erfahrungen, von denen Er bereits als 12-Jähriger im Tempel gesprochen hatte, «offiziell» bestätigt. Nun wusste Jesus mit unumstösslicher Gewissheit: Ich bin der geliebte Sohn und ich bleibe der geliebte Sohn Gottes. Als geliebter Sohn lebte Jesus ganz ausgerichtet auf Seinen Vater. Nächtelang genoss Er die Nähe des Vaters. «Abba, Vater», jubelte es in Seinem Herzen. Seine Freude war es, den Vater zu kennen und zu lieben. Jesus lebte aus der Erfahrung, dass Er alles, was Er brauchte, von Seinem Vater empfing.

Diese Gemeinschaft mit Gott war für Jesus so beglückend, dass es für Ihn nur noch eines gab: Alle Menschen sollten die Stimme des Vaters tief im Herzen hören: «Du bist mein geliebter Sohn, meine geliebte Tochter, an dir habe ich Gefallen gefunden.» Denn Jesus wusste: Wer den himmlischen Vater kennt, wer Seine alles durchdringende Liebe erfährt, bei dem ist das Fundament gelegt für ein wahrhaft gutes und gelingendes Leben.

«Der Gott und Vater Jesu Christi» (2 Kor 1,3)

Jesus von Nazaret verkündet, wie Gott wirklich ist. Darum gilt es, alle unsere Bilder über Gott von Jesus her korrigieren und ergänzen zu lassen. Wie ist nun der Gott, den Jesus erfahren und verkündet hat?

Eine Person: Der himmlische Vater

Der Gott, von dem Jesus von Nazaret uns Kunde brachte, ist zuallererst ein Du, eine konkrete Person, die ein Gesicht hat. Wir lesen oft in der Bibel, dass Jesus Seine Augen zum Himmel erhob. Da schaute Er ins strahlende Angesicht Seines Vaters, der Ihn stärkte und beglückte.

Wenn Jesus mit Gott sprach, verwendete Er ein Wort, mit dem vorher noch nie ein Mensch gewagt hatte, Gott anzusprechen. Jesus betete mit einem Urwort des Vertrauens, mit einem der ersten beiden Worte, die ein Mensch sprechen lernt, wenn er sich der liebenden Gegenwart von Mutter und Vater bewusst wird: «Abba», Papa, lieber Vater.

Ca. 170-mal ist von diesem himmlischen Vater im Neuen Testament die Rede. Jesus selbst lehrte die Jünger beten: *«Vater im Himmel» (Mt 6,9).* Er lädt uns ein, Gott als den erhabensten und besten Vater zu bewundern, zu ehren und zu lieben.

«Im Himmel» ist keine Ortsbeschreibung, die ausdrückt: weit weg von uns. Dieser unser Vater, der die ganze Schöpfung zusammenhält, ist um jeden Einzelnen «aus dem Himmel», das heisst aus Seiner Macht und Herrlichkeit heraus, liebevoll besorgt.

Der bedingungslos Liebende

Gott, wie Ihn Jesus von Nazaret uns verkündete, ist der bedingungslos liebende, gute Gott, der das Leben und die Entfaltung all Seiner Geschöpfe will. Johannes hat in seinem Ersten Brief diese Erfahrung so zusammengefasst: *«Gott ist die Liebe. Die Liebe Gottes wurde unter uns dadurch offenbart, dass Gott seinen einzigen Sohn in die Welt gesandt hat, damit wir durch ihn leben» (1 Joh 4,8–9).*

Die Liebe ist das Wesen Gottes. Das heisst: Gott kann nicht anders, als lieben. Gott ist nicht nur lieb, sonst könnte Er auch einmal böse sein. Gott hat nicht nur Liebe, denn so könnte Er sie ja auch einmal nicht mehr haben. Wir kennen dies bei uns. Soviel Liebe wir auch zu jemandem haben, einmal kann sie aufgebraucht sein. Wir können an unsere Grenzen kommen und nicht mehr lieben. Doch Gott kann nicht anders als lieben, weil Er nicht nur Liebe hat, sondern die Liebe Sein Wesen ist. Vergleichbar ist dies mit der Sonne. Sie kann nicht aufhören zu strahlen. Wir können sie verfluchen, gegen sie boxen, wir können machen, was wir wollen, sie strahlt genau gleich weiter. Das ist das Geheimnis Gottes: Er ist Liebe in Seinem ganzen Sein.

Darum sagt Jesus in der Bergpredigt: *«Denn Gott läßt seine Sonne aufgehen über Bösen und Guten und lässt regnen über Gerechte und Ungerechte» (Mt 5,45).* Der gute Gott lässt die Sonne Seiner Liebe über allen aufgehen. Gott lässt regnen, das heisst, Er lässt das Leben der Gerechten und der Ungerechten fruchtbar werden. Er hilft auch den Bösen zur Entfaltung ihres Lebens. Allen schenkt Er bedingungslos Seine Liebe. Sein Herz schlägt für alle Menschen und für all Seine Geschöpfe. Diese Seine Liebe ist das Fundament, auf das wir unser Leben bauen können.

– Bin ich wirklich von Gott geliebt?

Wenn das Sein Gottes Liebe ist, kann die Frage nie heissen: Liebt mich Gott oder liebt Er mich nicht? Die Frage ist vielmehr: Kann ich glauben, dass Er mich mag, einfach weil ich Sein Geschöpf bin und öffne ich mich Seiner Liebe?

Wenn draussen so richtig schön die Sonne scheint, dann kann jemand alle Rollläden herunter lassen, die Nachtvorhänge ziehen, sich in den Keller verkriechen und ausrufen: «Wie ist es doch dunkel in dieser Welt! Furchtbar! Wo ist nur die Sonne? Wie kann Gott diese Dunkelheit zulassen?» Er könnte aber auch nach draussen gehen und sagen: «Wie herrlich doch die Sonne scheint!»

Unsere Aufgabe ist es, uns der «Sonne» zu öffnen, uns von Gott lieben zu lassen, uns Gott als der «Sonne» unseres Lebens zuzuwenden.

Ein zärtlicher und behutsamer Gott

Wenn wir die Natur und die unendlichen Dimensionen der Schöpfung betrachten, kann in uns eine Ahnung von Gottes Grösse, Weisheit und Macht aufsteigen. Wir kommen uns klein vor. Doch

der Gott Jesus von Nazaret offenbart sich zugleich als zärtlicher und behutsamer Gott. Gott ist nicht nur Vater. Er ist ebenso Mutter. Zwei Aussagen des Alten Testamentes verdeutlichen dies: *«Kann denn eine Mutter ihr Kindlein vergessen, eine Mutter ihren leiblichen Sohn? Und selbst wenn sie ihn vergessen würde, ich vergesse dich nicht. Ich habe dich eingezeichnet in meine Hände»* (Jes 49,15). Eingezeichnet in Seine Hände heisst: Wir können aus Seiner liebenden Hand nicht mehr herausfallen. Wir sind und bleiben in Ihm.

«Wie eine Mutter ihren Sohn tröstet, so tröste ich euch» (Jes 66,13). Mütter haben ein besonderes Mitgefühl für ihre Kinder. Aus diesem Mitgefühl heraus entspringt die Gabe, die Kinder in Schmerz und Enttäuschung zu trösten. So fühlt auch Gott: Er schenkt uns Trost wie die beste Mutter. Mag noch so vieles in Ihrem Leben falsch gelaufen und schmerzlich sein, Gott fühlt die Not, die Ängste, den Schmerz, die Enttäuschung und hat mit allen Erbarmen. Er will alle trösten und ermutigen – auch Sie!

Ein Gott des Festes und der Freiheit

So wie Eltern ihren Kindern ein gutes Leben bereiten wollen, so möchte Gott durch Seine Liebe unser Leben zu etwas Frohem, Schönem, zu einem Fest machen. Dies zeigt Jesus im Johannesevangelium, als Er als erstes Seiner Zeichen bei der Hochzeit von Kana 600 Liter Wasser in feinsten Wein verwandelt hat. 600 Liter zeigt: Gott ist überaus grosszügig! Er will unser normales Leben mit Seiner Freude erfüllen. Ein solches Fest der Freude kann sich auch rein innerlich ereignen. Eine tiefinnere Freude kann selbst mitten in Schmerz und Trauer da sein, wie mir Menschen immer wieder bezeugen.

Doch Gott zwingt dieses Fest niemandem auf. Er lässt alle Menschen ganz frei. Das Gleichnis vom barmherzigen Vater und seinen beiden Söhnen zeigt beides deutlich. So lässt der Vater den *jüngeren Sohn* von zu Hause weggehen. Er achtet die Freiheit des Sohnes und lässt diesen aus seinem Leben machen, was er will – auch auf die Gefahr hin, dass er in der Sackgasse und im Elend endet. Und auch dort zwingt er ihn nicht zurückzukehren. Er lässt ihn ganz frei.

Der *ältere Sohn* darf – ebenfalls in freier Entscheidung – zu Hause bleiben. Der Vater nimmt ihn so, wie dieser Sohn eben ist. Er lässt ihn dort in seiner verschlossenen Herzenshaltung und Verbitterung, die dadurch offensichtlich wird, dass er sich nicht mitfreuen kann, als sein jüngerer Bruder nach Hause kommt *(vgl. Lk 15,11–32)*.

Gott lässt uns Menschen frei. Allen lässt Er ihre Wahl und überlässt sie den Folgen, die sich aus dieser Wahl ergeben. Selbst dann, wenn das Verhalten eines Menschen Leiden für ihn selbst und für viele Unschuldige bringt. Gott lässt ganz frei! Dies deswegen, weil Er eine Beziehung der Liebe sucht. Denn Liebe kann nur in Freiheit wachsen.

Der Schmerz Gottes

Diese Freiheit, die Gott uns Menschen schenkt, führt zum Schmerz Gottes, wenn Seine Einladung zum Fest nicht angenommen wird: Er will uns Seine Liebe schenken und wir beachten Ihn nicht. Die Weigerung, uns Seiner Liebe zu öffnen, ist Gottes grenzenloser Schmerz. Denn Er weiss, dass wir uns mit unserer Weigerung letztlich selbst schaden und als Folge davon auch viele Unschuldige Mangel und Leiden erfahren. Dieser unser Schaden «geht Gott zu Herzen».

Denn Gott fühlt mit Seinen Geschöpfen. Er kennt ihre Not. Er weiss: Alle Menschen sehnen sich im Grunde ihres Herzens nach einer so tiefen, alles umfassenden Liebe, die nur Er ihnen geben kann. Denn ohne Gottes Liebe bleibt der Mensch im innersten Bereich seiner Seele unerfüllt und das hat Folgen…

Das wahre «Bild» Gottes

Viele Bilder lassen uns erahnen, wer und wie der Gott Jesu Christi ist. Doch Gott ist konkreter geworden. Er hat sich im Menschen Jesus von Nazaret gezeigt. Von Ihm schreibt Johannes: *«Und das Wort* (Gott) *ist Fleisch* (Mensch) *geworden und hat unter uns gewohnt» (Joh 1,14).*

In einem Dialog mit Philippus sagt Jesus: *«Wer mich gesehen hat, hat den Vater gesehen» (Joh 14,9).* So können wir in Jesus von Nazaret erkennen, wie der unsichtbare Gott ist. Jesu Tun und Handeln zeigen, wie Gott ist und handelt.

Entgegen allen menschlichen Vorstellungen zeigt sich in Jesus von Nazaret Gott nicht als der machtvolle Gott, der autoritär handelt und Sein Reich mit Gewalt durchsetzt. Er greift nicht machtvoll ein, um dem Wirken des Bösen ein Ende zu bereiten und das Negative aus der Welt zu schaffen. Gott ist einen ganz anderen Weg gegangen, um das Negative aus der Welt zu schaffen.

In Jesus begegnet uns ein Gott, der bereit ist Leiden, Schmerz und Schuld auf sich zu nehmen. Jesus hat all die Konsequenzen auf sich genommen, die daraus entstehen, dass wir Menschen uns immer wieder der Liebe Gottes verweigern. So ist Jesus selbst in den «Riss» zwischen Gott und Mensch hineingetreten. Er ist auch in den Riss so vieler menschlicher Beziehungen, in den Riss zwischen den Menschen und der Schöpfung, sowie in den Riss im eigenen Herzen getreten. Er ist in alle Risse hineingegangen um zu verbinden, zu heilen und neues Leben zu schenken. So wurde Jesus zum Weg ins Leben, zum Weg zueinander, zum Weg zu Gott.

Dieses Hinabsteigen Jesu in die «Risse» zeigt dieses Bild von Sieger Köder: Wir sehen Jesus am Kreuz. Mit einer Hand, der am Kreuz angenagelten Hand, weist Jesus nach oben. Die andere Hand geht zu den Menschen. So verbindet Jesus die Menschen mit Gott. Auch die Leiter im Hintergrund weist auf diese Verbindung hin.

Jesus ist Seinen Freunden auf der linken Seite nahe, dem Verbrecher, der zu Ihm aufschaut, Johannes, der mit einer Hand Maria stützt, die ihr Gesicht verschleiert hat und auch Maria Magdalena, die im roten Gewand und ganz versunken in ihrem Schmerz ist.

Jesus fühlt auch die Not und den Schmerz der Menschen, die Ihn ablehnen. Er wendet sich auch Seinen Gegnern zu: dem zweiten Verbrecher, der sich von Ihm abwendet, dem römischen Hauptmann, der seine Pflicht getan hat, dem Hohenpriester mit der goldenen Kopfbedeckung, der Jesus hasserfüllt ansieht und auch dem Schriftgelehrten mit dem schwarzen Schal, der zu fragen scheint: «Warum hilft Er sich nicht selber».

So sehr ist Er mit allen verbunden, dass Er Seinen verwundeten Arm, Seine blutige Hand einem Verwundeten reicht. Damit will Er sagen: «Ich bin gekommen zu heilen, was verwundet ist, auch dort, wo Meine Liebe zurückgewiesen und abgelehnt wird.»

«Mein Gott, mein Gott, warum hast du mich verlassen?» Diese Worte sind in hebräischer Sprache unten auf den Vorhang des Tempels geschrieben. Jetzt sind diese Worte – wie der Vorhang – zerrissen. Das bedeutet: Von nun an ist niemand mehr ganz verlassen, denn in Jesus wendet sich Einer mitfühlend und mitleidend jeder und jedem zu. Allen streckt Er Seine verwundete Hand entgegen und sagt: «Ich bin mit dir. Ich fühle mit dir.» Auch Ihnen!

Liebe Leserin, lieber Leser

Die Gedanken zum Gottesbild sind vielfältig. Doch wichtiger als unsere Vorstellungen ist die Begegnung mit dem lebendigen Gott! Darum ermutigen wir Sie, sich in einer vielleicht ungewohnten Weise auf die Gegenwart Jesu einzulassen.

Nehmen Sie in den nächsten Tagen bewusst die Gegenwart Jesu an: Er ist bei Ihnen, wenn Sie aufstehen, wenn Sie sich waschen, wenn Sie zur Arbeit gehen … Er ist immer bei Ihnen. Suchen Sie das Gespräch mit Ihm. Sagen sie Ihm z.B.: «Danke Jesus, bist Du da bei mir.» «Danke Jesus, Du verstehst mich und fühlst mit mir.» Erzählen Sie Ihm, was Sie beschäftigt, was Ihnen Sorge macht, was Sie freut, … Fragen Sie Ihn auch: «Wie soll ich in dieser Situation reagieren? Was würdest Du, Jesus, jetzt tun?» Achten Sie dann auf innere Eindrücke und handeln Sie danach. ... Jesus geht immer mit Ihnen und ist für Sie da.

Zu dieser Erfahrung Seiner Gegenwart helfen ihnen auch die Gedanken in den Tagestexten des Teilnehmerheftes der kommenden Woche.

3. Dimensionen einer Freundschaft – «Damit dein Leben gelingt»

Helen Mallicoat schreibt: «Ich trauerte der Vergangenheit nach und fürchtete mich vor der Zukunft. Plötzlich sprach mein Herr: Mein Name ist: Ich bin! Er hielt inne. Ich wartete.

Er fuhr fort: Wenn du in der Vergangenheit lebst mit deinen Fehlern und Bedauern, das ist hart. Ich bin nicht dort. Mein Name ist nicht: Ich war!

Wenn du in der Zukunft lebst mit deinen Problemen und Ängsten, das ist hart. Ich bin nicht dort. Mein Name ist nicht: Ich werde sein!

Wenn du im Augenblick lebst, das ist nicht hart. Ich bin hier. Mein Name ist: Ich bin!» (frei aus dem Englischen übersetzt)

Gott ist immer in der Gegenwart. So will Er uns jetzt Seine Freundschaft erfahren lassen, damit unser einmaliges Leben gelingt!

Warum!?

Wenn wir von Gottes Liebe hören, kommt schnell die Frage auf: Warum? Wenn Gott gut ist, warum gibt es so viel Leid in der Welt?

Dazu ein Erstes: Gott lässt uns Menschen ganz frei, weil Er eine Beziehung der Liebe zu uns Menschen sucht. Viel Leid kommt daher, dass der Mensch diese Freiheit zum Bösen missbraucht. Denn Gott will keinen Krieg, keine Ungerechtigkeit, keine Unterdrückung, keinen Missbrauch von Menschen. Er will nicht das Zerbrechen so vieler Beziehungen mit den vielen seelischen Wunden und Schmerzen. Er will nicht das Elend, nicht den Hunger usw. Er will keine einzige Sünde und deren negativen Folgen für uns und andere. Gott lässt dies zu, weil Er unsere Freiheit in allem – auch dort wo deswegen Unschuldige leiden – ganz und gar respektiert, auch dann, wenn es Ihm fast das Herz bricht.

Zu dieser Freiheit kommt noch etwas hinzu: Es ist offensichtlich, dass wir nicht in einer heilen Welt leben. Elend, Not, Schmerz und Ungerechtigkeit begleiten die Menschheit von Anfang an. Wir alle sind in eine Welt hineingeboren worden, die nicht in Ordnung ist.

Doch nicht nur in der Welt draussen, sondern auch in uns entdecken wir vieles, was uns Mühe bereitet: Ängste, Zwiespältiges, Aggressionen, Böses, Unheimliches, Blockierungen. Wir wollen «gut» sein, geben uns vielleicht alle Mühe und schaffen es oft doch nicht. Wir möchten geduldig sein und werden trotz unserer guten Absicht wieder ungeduldig. Warum handeln wir oft anders, als wir es eigentlich wollen? Warum gibt es Dinge in uns, die wir lieber nicht hätten?

Diese Fragen stellten sich die Israeliten bereits vor 3000 Jahren, zur Zeit des Königs Salomo, als ein Teil der Urgeschichte des Alten Testamentes niedergeschrieben wurde. Vom Heiligen Geist inspiriert, versuchten die Verfasser mit Hilfe von Geschichten Antworten auf quälende Fragen zu geben. So entstanden Erzählungen, welche die Grundbefindlichkeit des Menschen darstellen. Das heisst: Diese Erzählungen wollen keine historischen Berichte sein, sondern in Form von Geschichten uns einen Einblick in die bleibende Wahrheit über uns Menschen vermitteln. So entstand die Geschichte vom Paradies und dem Sündenfall.

Das Paradies – eine heile Schöpfung

Das «Paradies» zeigt, wie Gott den Menschen und die Schöpfung gedacht hat. In der Mitte, im Zentrum, war Gott. Er gab allem Leben Ordnung und Bestimmung. Er war das Licht und die Freude aller Geschöpfe. Der Mensch lebte als Freund Gottes, was sich in allen Beziehungen ausgewirkt hat. Wo Gott die Mitte war, lebten die Menschen in tiefer Harmonie mit Gott, mit sich selbst, mit den Mitmenschen und mit der Schöpfung, – eben im Paradies!

Im Paradies erlebte sich der Mensch als kostbar, wertvoll, einzigartig und schön! Jeder trug etwas von Gottes Glanz, von Gottes Herrlichkeit und von Gottes Schönheit in sich. Das machte den Menschen von innen her froh. Er freute sich, einzigartig, strahlend schön, durch und durch gut und wunderbar – eben ein Abbild Gottes – zu sein.

Sündenfall – Störung in alle Beziehungen

In diese wunderbare Harmonie kam es zu dem Ereignis, das die Bibel «Sündenfall» nennt: Der Mensch löste sich aus der Gottesfreundschaft. Er wollte nicht mehr von Gott empfangen und sich beschenken lassen. Er wollte sich nicht mehr von Gott sagen lassen,

was richtig und gut ist, sondern selbst bestimmen, was richtig und gut ist. Er wollte selbst Mittelpunkt sein.

Damit verdrängte der Mensch seine bisherige Mitte, von der er lebte, nämlich Gott. Er schob Seine Sonne, Sein Licht auf die Seite. Als Folge verlor der Mensch seine Orientierung und es legte sich ein Schatten auf ihn und all seine Beziehungen.

Durch diesen Schatten verlor der Mensch die Gottesfreundschaft. Gott, die Quelle seines Glückes, wurde ihm fremd und zum Konkurrenten dessen, was er selbst als sein Lebensglück ansah. Von daher verspüren wir Menschen in uns immer wieder Angst vor Gott und wenden uns vielfach von Ihm ab.

Dunkles kam in die Beziehungen zu den Mitmenschen hinein. An Stelle eines Mit- und Füreinanders entstand in der Folge ein vielfältiges Gegeneinander. Denn nun stellen die Menschen sich selbst, ihre eigenen Vorstellungen, Interessen und Wünsche in die Mitte. Die Folge davon ist Streit, Krieg, Neid, ... und vieles Schlimme mehr. Der Mitmensch, füreinander geschaffen als Hilfe und Freund, wird oft zu einem gefährlichen Konkurrenten.

Durch diesen Schatten ist der Mensch sich selbst fremd geworden. Er verlor seine Identität und wusste nicht mehr, wer er eigentlich war. Nun fand er vieles in sich vor, was er nicht akzeptieren wollte und konnte. So wurde der Mensch in sich ein gespaltenes Wesen. Als Folge davon nehmen wir zwei Bereiche in uns wahr. Einerseits ganz tief in uns das Wahre, Edle und Gute – unser Abbild-Gottes-Sein; und zugleich diese Verfremdung, diesen Schatten, dieses Dunkle und Verworrene.

In geheimnisvoller Weise legte sich dieser Schatten auch über die Natur. Die ganze Natur, die Tiere und Pflanzen (und die Menschen) sind eigentlich berufen, einander zu dienen. Doch in Ausbeutung und Zerstörung wendet sich der Mensch gegen seine Mitschöpfung, und diese z.B. in Katastrophen auch gegen ihn.

Die eigene Mitte und Heimat verloren

Durch all das wurde der Mensch einsam. Er verlor die Geborgenheit in Gott, die Geborgenheit in sich selbst, die Geborgenheit bei den Menschen, ja sogar die Geborgenheit in der Schöpfung. Kurz: Der Mensch verlor das Paradies, seine Heimat.

Das Leid bleibt letztlich ein Geheimnis

Diese Gedanken können ein Stück weit Licht ins Dunkel nach der Frage des Leides bringen. Aber nur ein Stück weit, denn Gottes Liebe und das Leid der Menschen bleiben letztlich ein Geheimnis. Der Theologe Karl Rahner (1904–1984) bringt die Unbeantwortbarkeit der Frage nach dem Leid in Zusammenhang mit der Unbegreiflichkeit Gottes. Weil Gott unbegreiflich ist, können wir auch das Leiden nicht verstehen. Wir können am Leiden wachsen, es aber nie verstehen.

Karl Rahner sagt weiter, dass gerade der Umstand, dass der Mensch die Bosheit dieser Welt erkennt und daran leidet, darauf hinweise, dass er von seinem Wesen her auf das Heil hin geschaffen sei. Der Mensch trage in sich eine unerschütterliche Hoffnung auf ein erfülltes und geglücktes Dasein und rufe nach Heil und Befreiung aus der Not. So wird die Erfahrung des Leidens zum Schrei: Wie können wir frei werden vom Riss, vom Zwiespalt, von der Verfremdung?

Gott kommt auf uns zu

Gott sieht diese Not. Er hat – wie uns das Alte Testament bezeugt – den Menschen nicht seinem Schicksal überlassen, sondern ist immer neu auf ihn zugegangen, wie die Kirche im Vierten Hochgebet bezeugt: *«Als er* (der Mensch) *im Ungehorsam deine Freundschaft verlor und der Macht des Todes verfiel, hast du ihn dennoch nicht verlassen, sondern voll Erbarmen allen geholfen, dich zu suchen und zu finden. Immer wieder hast du den Menschen deinen Bund angeboten und sie durch die Propheten gelehrt, das Heil zu erwarten.»*

Schliesslich wurde Gott selbst in neuer Weise «aktiv». Er sandte Seinen Sohn in diese verwirrte und verletzte Welt: *«Die Liebe Gottes wurde unter uns dadurch offenbart, dass Gott seinen einzigen Sohn in die Welt gesandt hat, damit wir durch ihn leben» (Joh 4,9).*

«Damit wir durch ihn leben» zeigt: Jesus will in alle Risse der Welt hineinsteigen, um zu heilen, zu verbinden und Leben zu schenken. Damit bietet uns Gott eine Herzensantwort auf unsere «Warum» an. Er lädt uns ein, das Selbstmitleid, das Kreisen um das Warum, unsere innere Auflehnung und die Suche nach Sündenböcken loszulassen und stattdessen auf Sein Geschenk, auf Seinen Sohn, zu schauen. Auf Jesus, der in all unsere Risse hereinkommen, uns heilen, erlösen und neu beleben will.

Die Sackgasse des Zachäus

Was geschehen kann, wenn Jesus in den Riss eines Lebens aufgenommen wird, zeigt Zachäus *(vgl. Lk 19, 1–10).* Zachäus wollte geachtet, geliebt und als wertvoller Mensch betrachtet werden. Er war klein und wurde vielleicht deswegen schon als Kind ausgelacht. Vielleicht fühlte er sich deswegen minderwertig. Das liess in ihm einen Mangel und eine Wunde zurück. Vielleicht schwor er sich: «Denen zeige ich es noch. Die werden noch sehen, dass ich auch wer bin!»

Angetrieben von diesem Mangel und dem inneren Schwur sah er die Möglichkeit, Zöllner zu werden. Vielleicht dachte er sich: «Als Zöllner bin ich geachtet, werde reich und habe Macht.» Doch Zöllner waren unbeliebt. Sie galten als Verräter des Volkes, weil sie mit der römischen Besatzungsmacht zusammenarbeiteten. So war Zachäus den gesetzestreuen Juden ein Dorn im Auge, weil es gegen das Gesetz war, mit den Heiden zu kooperieren. Dazu galten die Zöllner noch als Gauner, weil sie meist mehr Steuern eintrieben, als sie mussten und dieses Geld in den eigenen Sack steckten. So war auch Zachäus auf Kosten seines Volkes sehr reich geworden.

Zachäus wusste, dass er durch seinen Lebenswandel sowohl vor Gott wie vor den Menschen nicht bestehen konnte. Er wurde als oberster Zollpächter wohl respektiert, aber nicht geliebt. Doch genau danach sehnte sich Zachäus im Tiefsten. Er wollte schon immer geliebt werden und dazugehören. Nun war er in eine fürchterliche Sackgasse geraten. Je mehr die Menschen ihn verachteten, verurteilten und mieden, umso hoffnungsloser wurde für ihn seine Situation. Wie konnte er da herauskommen?

Die Freundschaft Jesu

In dieser inneren Not hörte er, dass Jesus keinen Menschen verurteile und auch den Sündern und Gescheiterten eine neue Chance gebe. Da sagte sich Zachäus: Diesen Jesus möchte ich sehen, denn wenn das wirklich stimmt, dann habe ich vielleicht sogar noch eine Chance. So stieg er auf einen Baum, um Jesus zu sehen. Und was geschah?

Jesus sah die innere Not und Sehnsucht von Zachäus. So wandte Er sich ihm zu. Zu ihm, auf den alle anderen herabschauten, zu diesem Gauner und Verräter, den alle verachteten – schaute Jesus auf: Ja, mehr noch: Vor allen Leuten stellte sich Jesus auf die Seite des Zachäus und sagte: «Ich muss heute bei dir essen», was bedeutet: Ich bin dein Freund. Ich stehe zu dir!

Darüber wurden die Leute wütend. Sie waren empört: Das geht doch nicht! So einem Lump darf man doch nicht Freund sein! Wo kämen wir da hin?! Und was geschah bei Zachäus? Zachäus erfuhr vielleicht zum ersten Mal eine tiefe Liebe und Annahme: Endlich einer, der mich liebt und versteht.

Diese Liebe Jesu weckte in ihm die positiven Kräfte. Sie liess ihn von selbst spüren, was nicht in Ordnung war. Ohne dass Jesus ein Wort sagte, änderte sich Zachäus radikal: *«Herr, die Hälfte meines Vermögens will ich den Armen geben und wenn ich von jemand zuviel gefordert habe, gebe ich das Vierfache zurück» (Lk 19,8).* Stellen Sie sich vor: Wie viele Menschen atmeten in Jericho auf. Wie viele Menschen hatten in den folgenden Tagen zu essen. Beziehungen wurden heil. Und dies alles, weil ein Mensch die Freundschaft Jesu angenommen hat.

Da leuchteten neue Dimensionen des Heiles auf, wie Jesus selber bezeugte: *«Heute ist diesem Haus das Heil geschenkt worden» (Lk 19,9).*

Zachäus wird an der Schwelle seines Hauses von seinem Gast, von Jesus umarmt. Das Gesicht Jesu, Seine geschlossenen Augen, die Zartheit Seiner Umarmung, mit der Er Zachäus an sich drückt, zeigt die tiefe Zuneigung Jesu. Jesus schützt mit Seinem Leib den viel kleineren Zachäus vor der tobenden Menge. Zachäus schaut ängstlich auf und staunt. Er drückt sich an Jesus, ja er klammert sich an seinen rettenden Freund.

Ganz links erhebt jemand zornentbrannt seine linke Faust. Er ist wütend über das, was hier geschieht. Unerträglich ist es für ihn, dass Jesus diesen Sünder umarmt. Der andere neben ihm gibt mit seinem Zeigefinger klar und deutlich zu verstehen, was er von Jesus denkt. In der Bildmitte stehen zwei Männer ganz nahe beieinander. Der eine flüstert dem anderen etwas ins Ohr. «So ein Verhalten wird Folgen haben!», könnte er sagen.

Auch die beiden Gestalten rechts tuscheln miteinander. Einer der beiden scheint gerade gehört zu haben, was der andere da vorne seinem Verbündeten ins Ohr flüsterte: «Der wird es noch büssen!»

Der einzige, der nicht zu dieser ablehnenden Gesellschaft passt, ist der Mann rechts oben. Seine Augen, seine Hand vor dem Mund drücken massloses Staunen aus vor dem, was hier geschieht – Erstaunen über das Handeln Jesu und auch darüber, wie dieser Zachäus sich auf Jesus einlässt.

Und ich? – Sehne ich mich danach, so wie ich jetzt bin, angenommen und geliebt zu sein? Sehne ich mich nach dem Blick Jesu vielleicht sogar nach Seiner Umarmung? Vielleicht melden sich in Ihrem Innern kritische und abwehrende Stimmen. Vielleicht sind die Personen auf dem Bild wie Stimmen, die sagen: «Das geht doch nicht. Nein – mich, mit meiner Vergangenheit kann und darf doch Jesus nicht lieben. Ich bin doch nicht würdig. Das habe ich doch nicht verdient ...» – oder – «Das habe ich doch nicht nötig. Doch all diesen Stimmen zum Trotz will Jesus allen Seine Freundschaft schenken, allen – auch Ihnen!

Jesus bietet Seine Freundschaft an

So wie Jesus damals Menschen in die Beziehung zu Ihm rief, so ruft Er heute auch uns: *«Als Jesus am See von Galiläa entlangging, sah er Simon und Andreas, den Bruder des Simon, die auf dem See ihre Netze auswarfen; sie waren nämlich Fischer. Da sagte er zu ihnen: Kommt her, folgt mir nach! Ich werde euch zu Menschenfischern machen. Sogleich liessen sie ihre Netze liegen und folgten ihm» (Mk 1,16–18).*

Freundschaft mit Jesus

Als die beiden Jünger am See die Augen Jesu sahen und Seine Stimme hörten, veränderte sich etwas bei ihnen. «Kommt her» hörten sie Ihn sagen. Vielleicht hätte Er das gar nicht sagen müssen.

Denn Sein Blick, die Wärme und Liebe, die daraus strömte, zog sie an. Sie freuten sich zu hören: «Kommt her zu mir. Kommt in meine Nähe.» Wer verliebt ist, wer Liebe für eine Person empfindet, sucht die Nähe zu ihr. Er freut sich, Gemeinschaft mit ihr zu erleben.

Je mehr zwei einander kennenlernen, umso mehr entdecken sie, wie kostbar, wie wertvoll, wie einzigartig die andere Person ist. Sie merken: Du bist für mich ein Gewinn. Von dir kann ich lernen. Du bereicherst nicht nur mein Leben, sondern hilfst mir, vieles klarer zu sehen und Probleme besser meistern zu können. Das zeigt sich im Wort Jesu: *«Folgt mir nach!»*, werdet Meine Jünger. Jesus sagt damit: «Lernt von mir. Ich helfe euch in allen Situationen und zeige euch, wie ihr sie gut und heilbringend meistern könnt. Ich gehe euch voraus und gebe euch die Kraft, den guten Weg zu gehen.»

Nähe erfahren, voneinander lernen und einander als Reichtum, als Schatz entdecken, führt zum Wunsch, gemeinsam etwas aufzubauen und zu verwirklichen. Man träumt von gemeinsamen Projekten. Die intensivste Form ist die Entscheidung zu einer Lebensgemeinschaft. *«Ich werde euch zu Menschenfischern machen»* ist der Ausdruck Jesu für das gemeinsame Projekt. Menschenfischen meint nicht mehr nur für sich selbst zu leben, sondern die eigenen Gaben und Fähigkeiten in den Dienst der Berufung zu stellen. Menschen fischen heisst: Menschen in ein neues, beglückendes, sinnerfülltes Leben führen, in ein Leben mit Zukunft.

Jede Freundschaft hat Folgen. Bei Simon und Andreas heisst es: *«Sogleich liessen sie ihre Netze los und folgten ihm»*. Die Netze loslassen heisst, es nicht mehr selber und alleine machen wollen. Loslassen heisst, alles Jesus in die Hände legen und Ihm die weitere Entwicklung überlassen. So kann Er uns mehr und mehr in alle Dimensionen Seiner Freundschaft einführen. Dann können wir Dinge entdecken, die nicht zu einer Freundschaft passen. Wer ehrlich in sich hinein hört, dem wird die Liebe in seinem Herzen sagen, was er loszulassen hat. Das können Sorgen sein, die uns zu sehr in Beschlag nahmen, die übermässige Angst, wie es weitergeht, negative Gewohnheiten, ...

Sich auf eine Beziehung einlassen

Ich habe dieses «Ansprechen» Gottes zum ersten Mal bewusst in der vierten Volksschulklasse erlebt. Es war in einer Religionsstunde. Der Pfarrer erzählte, weshalb er Priester wurde. Von dieser Stunde an war ganz tief in mir die Gewissheit da: «Du sollst Priester werden». «Du sollst ...», das hiess, das wäre das Richtige, denn lange wollte ich nicht. Sieben Jahre lang habe ich mich in der Folge mehr oder weniger dagegen gewehrt, denn ich wollte lieber ein einfacheres, zurückgezogeneres Leben. In dieser Zeit redete ich mit niemandem darüber. Ich war zu ängstlich und zudem: falls ich einen anderen Weg ginge, sollte dies niemand wissen. Auch wollte ich gerne eine Frau und eine Familie haben. Auf die Frage: «Warum gerade ich, warum ich, wo es doch so viele Menschen gibt?», habe ich damals keine Antwort erhalten.

Heute gibt Gott mir zu verstehen: Ich habe dich gerufen, weil ich dich liebe und durch dich andere Menschen froh machen will. Währendem ich diesem Ruf so lange ausgewichen bin, wäre ich gerne Sportlehrer oder Psychiater geworden. Doch dieses Ausweichen führte zu mehr Ängsten und Minderwertigkeitsgefühlen. Ich fühlte mich zerrissen und unglücklich, bis ich unter diesem Leidensdruck, dieser Enge, in mir spürte: So kann es nicht weitergehen. Du musst dich entscheiden, entweder Ja oder Nein und zwar mit klaren Konsequenzen. Aus diesem Prozess, aus diesem Druck heraus befreite Er mich zu einem klaren Ja, indem Er mich ganz fest an sich zog und mir Sein liebendes Herz zeigte. Ich erlebte Seine Liebe. Ich wurde immer mehr fasziniert von Gott, ja ich war richtig verliebt in Gott!

Es ist gut, wenn Sie jetzt einige Momente innehalten: Gibt es auch bei Ihnen Lebenserfahrungen, in denen Sie den Blick der Liebe wahrgenommen und Seine unverdiente Liebe erfahren haben? Sehr oft schenkt Gott uns Seine Liebe in Menschen und Freundschaften und manchmal können wir gerade darin die Gegenwart einer grösseren Liebe erahnen. Haben Sie so schon Seine Stimme erahnt und gehört?

Seine Gegenwart annehmen

Jesus Christus ist immer da als Freund, der mich ganz versteht und der mich in jeder Situation annimmt, so wie ich bin. Jesus weiss um meine Freuden, meine Sehnsüchte, meine Träume und was mich umhertreibt.

Seine Gegenwart annehmen, heisst auf Ihn schauen. So wie ich auf eine sichtbare Person schaue und sie miteinbeziehe in das, was ich tue, was mich bewegt, so tue ich das auch mit Jesus. Ich nehme Ihn überall bewusst mit: auf den Weg zur Arbeit, in ein schwieriges Gespräch, zum Kochen, auf den Fussballplatz, in die Zug- oder Autofahrt, auf den Spaziergang, in den Ausgang usw. Das lateinische Wort «kontemplare» kann man übersetzen mit: «Zusammen mit Gott im Tempel (meines Lebens) sein». Das ist es, bewusst mit Ihm zusammensein, der immer für mich da ist.

Jede Freundschaft ist einmalig. So lebt auch jede und jeder die Freundschaft mit Jesus auf individuelle Art. Niemand muss in der Freundschaft zu Jesus etwas erzwingen. Es genügt, immer wieder auf Ihn zu schauen und der eigenen Sehnsucht Ausdruck zu geben. Dann wird Er bewirken, dass die Freundschaft wächst. Dazu braucht es Zeiten der Stille, der bewussten Zweisamkeit mit Gott. «Nur in der Stille kannst du Gott hören» heisst eine Liedstrophe. Eine solche tägliche «Stille Zeit» erleben viele als Kraftquelle für den ganzen Tag.

Ein kurzes Gebet am Morgen kann das Leben verändern. So war es auch bei Niklaus Wolf von Rippertschwand, einem Bauer, der vor allem die Männer lehrte, dass Glauben nicht nur für Frauen, sondern auch für sie wichtig sei. Er lehrte die Männer ein kurzes Gebet. Er sagte: «Nach dem Aufstehen knie er sich vor dem Bett nieder und bete: ‚Du der gekreuzigte Jesus seist in meinen Gedanken, damit ich allezeit an dich denke. Du der gekreuzigte Jesus seist auf meinen Lippen, damit ich dich allezeit lobe. Du der gekreuzigte Jesus seist in meinem Herzen, damit ich dich allezeit liebe.' Einige Sekunden dauert dieses Gebet. Doch wer es treu betet, dessen Leben wird sich verändern.» Das war seine Erfahrung.

Auch der Tagesabschluss kann eine günstige Zeit der Zwiesprache mit Gott sein. Ich kann so den Tag unter dem liebenden Auge Gottes nochmals durchgehen; mich dankbar freuen am Schönen und mich versöhnen mit dem Misslungenen und Schweren. Im Gebet ist uns etwas Grosses angeboten, das Hineinwachsen in eine gewaltige Liebe.

Der Rabbi und sein Hund

Ein Rabbi war wegen seiner Predigten weitherum bekannt. Von überall her strömten die Menschen zu ihm, um seiner Verkündigung des Wortes Gottes zu lauschen. Er predigte so eindrücklich über den

Ehrfurcht gebietenden, heiligen, gerechten und auch zornigen Gott, dass viele Menschen erschüttert waren und sich bekehrten und ein neues Leben begannen. Nach vielen Jahren und trotz seines Erfolges als Prediger musste der Rabbi feststellen, dass er je länger je unglücklicher wurde. Seine Worte vermochten seinem eigenen Herzen keinen Trost zu spenden.

Eines Tages entschied er, sich auf den Weg zu einem andern damals bekannten Rabbi zu machen, um herauszufinden, warum sein Herz durch seine eigene Verkündigung nicht glücklich werden wollte. Als er seine Stadt – mit genügend Proviant für ein paar Tage Fussreise – bereits ein rechtes Stück hinter sich gelassen hatte, merkte er, dass sein Hund ihm nachgelaufen war. Vorerst begann er, den Hund durch liebevolles Zureden zur Umkehr in die Stadt zu bewegen. Da jedoch alles Zureden nichts nützte, versuchte er es mit Wortgewalt und drohenden Gesten.

Darauf hin entfernte sich der Hund zwar für eine Weile von seinem Meister, aber schon nach kurzer Zeit musste jener feststellen, wie ihm der Hund in sicherer Distanz auf Schritt und Tritt trotzdem folgte. Der Hund liess sich durch nichts von seinem Herrn abschütteln. In Respekt vor der ungewohnt forschen Art seines Meisters legte er sich am Abend in gebührendem Abstand zu seinem Herrn zum Schlafe nieder. So zogen sie ihres Weges, der Rabbi und sein Hund.

Angekommen in der Stadt seines berühmten Mitbruders, erkundigte er sich nach der Synagoge. Voller Erwartung, in der Predigt von jenem Rabbi zu erfahren, was seiner Seele über all die Jahre gefehlt hatte, besuchte er am Sabbat dessen Gottesdienst. Doch was er dort zu hören bekam, war ihm alles längst bekannt. Der Rabbi legte das Wort Gottes nicht anders aus, als er es über Jahre hin selbst getan hatte.

Schwer enttäuscht machte er sich am Tag danach auf den Heimweg, zusammen mit seinem Hund. Irgendwie war er jetzt sogar froh um die Gegenwart seines Hundes. Dieser durfte ihn nun in nächster Nähe begleiten. Noch dankbarer für seinen Begleiter wurde der Rabbi, als er nach Tagen feststellen musste, dass er den richtigen Weg verloren hatte. Verirrt und ohne Nahrung begannen seine Kräfte schnell zu schwinden. Der Hund wich keinen Augenblick von seinem Meister, und nachts legte er sich ganz zu ihm und wärmte mit seinem Fell dessen durchfrorene Glieder.

Eines Nachts – der Rabbi lag völlig entkräftet und bewusstlos auf dem Boden – vernahm der Hund die Geräusche eines in der Nähe vorbeifahrenden Fuhrwerkes. Der selbst schon in den letzten Zügen liegende Hund begann nun so laut er konnte zu bellen. Der Fuhrmann, durch das nächtliche Gebell aufmerksam geworden, entdeckte nach einigem Suchen den bewusstlosen Rabbi. Er nahm ihn samt Hund mit sich und pflegte ihn gesund.

Zurückgekehrt in seine Heimatstadt nahm der Rabbi seine Predigttätigkeit schon bald wieder auf. Seine Zuhörer waren ganz erstaunt. Noch nie hatten sie ihren Rabbi in einer solch herzbewegenden Art predigen gehört. Alle fragten sich, von wem er diese neue Art der Verkündigung gelernt habe.

Die Frage, ob er diese Art von jenem andern Rabbi gelernt habe, beantwortete er mit: «Nein, ich habe von meinem Hund gelernt! Gott ist wie mein Hund! Ihr könnt versuchen, ihn ganz abzuschütteln, ihn zu ignorieren, ihn gar nicht oder nur wenig beachten. Wie auch immer ihr euch ihm gegenüber verhaltet, was auch immer ihr sagt und tut, Gott lässt sich durch nichts abschütteln. Er bleibt euch euer Leben lang treu, ist immer an eurer Seite! Nicht dass er etwa eure Türe einrennt. Falls ihr nämlich seine Nähe nicht wünscht, bleibt er unauffällig, von den meisten kaum wahrgenommen, in respektvoller Distanz. Doch kommt ihr einmal in Not, ist er sofort zur Stelle. Habt ihr euch verirrt, er lässt euch nicht allein! Seid ihr am Erfrieren, er wird euch wärmen! Jener, den ihr nicht bei euch haben wolltet, rettet euch am Schluss sogar noch das Leben! (Nacherzählt von Urban Camenzind).

Liebe Leserin, lieber Leser

Es ist ein grosser Unterschied, von Freundschaft zu hören oder Freundschaft zu erleben. Die Betrachtung der Tagestexte im Teilnehmerheft kann Ihnen helfen, das Gelesene zu verinnerlichen und die Dimensionen der Freundschaft Gottes zu erfahren.

4. Heilsame Begegnungen – «Lass dich lieben!»

Zachäus hat die Dimension der Freundschaft Gottes erfahren, und ist dadurch ein neuer Mensch geworden. Doch nicht nur Zachäus – uns allen ist die Freundschaft Gottes angeboten. Können wir uns ihr öffnen? Können wir die Liebe Gottes annehmen? Das ist nicht sicher. Denn es können Barrieren und Hindernisse in uns da sein, die uns kaum bewusst sind.

Als Jesus ins Haus des Zachäus kam, reagierten die Leute mit Empörung. Warum? Etwas in ihnen hinderte sie, die Liebe Jesu zu Zachäus zuzulassen. Auch bei einer ähnlichen Geschichte reagierten die Menschen mit Unverständnis und Empörung: Levi, auch ein Zöllner, lud Jesus und Seine Jünger zum Essen ein. Auf den Protest der Schriftgelehrten und Pharisäer – *«Wie kann er zusammen mit Zöllnern und Sündern essen» (Mk 2,18)* – sagte Jesus überraschend: *«Nicht die Gesunden brauchen den Arzt, sondern die Kranken. Ich bin gekommen um die Sünder zu rufen, nicht die Gerechten» (Mk 2,18)*. Diese Antwort zeigt das Selbstverständnis Jesu. Er versteht sich als Arzt, und ein Arzt will die Kranken heilen.

Die Krankheit, die Jesus heilen möchte

Doch was will Jesus heilen? Bei Zachäus reagierten die Menschen mit Empörung, bei Levi erhoben die Schriftgelehrten und Pharisäer Widerspruch. Etwas hinderte sie, die Liebe Jesu zu den Zöllnern zuzulassen. Gehen wir diesem Widerstand, dieser Empörung nach. Wann reagieren wir mit Empörung? Ich denke, meist dann, wenn uns etwas nicht passt, nicht nach unseren Erwartungen verläuft.

In solchen Situationen haben wir zwei Möglichkeiten zu reagieren: Wir können uns verschliessen und den «Störenfried» ablehnen, verurteilen und ihn weghaben wollen. Das ist mit Jesus geschehen. Weil Er vielen nicht passte, musste Er verschwinden. Schon früh lesen wir in den Evangelien davon. Die andere Möglichkeit besteht darin, in uns selber hineinzuschauen: Warum stört und ärgert mich dies? Was ist in mir da? Vielleicht stimmt bei mir etwas nicht? Vielleicht ist in mir etwas dunkel und krank.

Gestörte Beziehungen

Das Kranke, das Jesus heilen möchte, sind gestörte Beziehungen. In gestörten Beziehungen fliesst die Liebe nicht mehr. Sünde ist das Nichtfliessen von Liebe, worauf das Wort Sünde hinweist. Es kommt von sondern, absondern, trennen, abspalten. Sünde macht einsam. Sie macht das Leben traurig, düster, leer. Sünde verfremdet den Menschen. Sie nimmt ihm seine Würde und seinen Wert.

Sünde ist das, was Leben, was echtes Menschsein, was das Reich Gottes verhindert. Die Störung – Sünde genannt – kann in der Beziehung zu mir selber sein, wenn ich mich nicht als Abbild Gottes sehe und mich nicht so annehmen kann, wie ich bin. Die Störung kann bestehen in der Beziehung zu meinen Mitmenschen, zu Gott oder zur Schöpfung. Störungen können vielfältig und vielschichtig sein. Augustinus hat die Störung des Menschen so beschrieben: «Der Mensch ist in sich hinein verkümmert.» Er ist auf sich selber fixiert. Er ist nicht offen für Gott und nicht durchlässig für Seine Liebe.

Der Jesuit Henri Boulad schreibt zum Verständnis des Wortes Sünde: «Die Sünde besteht darin, dass man sich dem Plan Gottes querstellt oder ihn völlig ignoriert. Jeder von uns trägt dieses Hindernis gegen den Plan Gottes in sich. Sünde ist das, was die Verwirklichung des Planes Gottes behindert.[4]» Gottes Plan besteht darin, uns und Seiner ganzen Schöpfung Leben in Fülle zu schenken. Solches Leben in Fülle können wir jedoch nur empfangen, wenn wir dieses Hindernis in uns überwinden.

Das Gleichnis vom barmherzigen Vater als Spiegel

Sünde ist die Barriere auf dem Weg zum Glück. Um solche Barrieren zu erkennen, schauen wir das Gleichnis vom barmherzigen Vater an. Wie bei allen biblischen Texten ist der Kontext, der Zusammenhang, wichtig, in den der Text eingegliedert ist. Dies wird in den einleitenden Versen von Kapitel 15 des Lukas-Evangeliums so beschrieben: *«Zöllner und Sünder kamen zu ihm (Jesus), um ihn zu hören. Die Pharisäer und die Schriftgelehrten empörten sich darüber und sagten: Er gibt sich mit Sündern ab und isst sogar mit ihnen. Da erzählte er ihnen ein Gleichnis» (Lk 15,1–3)*. Jesus will mit dem

---

[4] Boulad Henri: Mystische Erfahrung und soziales Engagement, S. 141. Otto Müller Verlag, Salzburg/Wien 1997.

Gleichnis vom barmherzigen Vater den Pharisäern und Schriftgelehrten ihre Störung, ihr Problem bewusst machen und ihnen zugleich das Herz Gottes aufzeigen. Er möchte, dass sie sich alle Gottes Liebe und dem Fest, der Freude des Reiches Gottes öffnen.

Was kann uns dabei hindern? Im jüngeren und älteren Sohn – es könnten ebenso gut auch Töchter sein – werden uns Menschentypen vorgestellt, in denen sich etwas von unserem Verhalten widerspiegelt. Ihre Blockaden und Hindernisse, ihre Beziehungsstörungen wollen uns helfen, unsere eigenen zu erkennen. Der Vater im Gleichnis zeigt uns, wie Gott auf uns und unsere Widerstände und Störungen reagiert.

Der jüngere Sohn

«Ein Mann hatte zwei Söhne. Der jüngere von ihnen sagte zu seinem Vater: Vater, gib mir das Erbteil, das mir zusteht. Da teilte der Vater das Vermögen auf. Nach wenigen Tagen packte der jüngere Sohn alles zusammen und zog in ein fernes Land. Dort führte er ein zügelloses Leben und verschleuderte sein Vermögen.

Als er alles durchgebracht hatte, kam eine grosse Hungersnot über das Land, und es ging ihm sehr schlecht. Da ging er zu einem Bürger des Landes und drängte sich ihm auf; der schickte ihn aufs Feld zum Schweinehüten. Er hätte gern seinen Hunger mit den Futterschoten gestillt, die die Schweine frassen; aber niemand gab ihm davon. Da ging er in sich und sagte: Wie viele Tagelöhner meines Vaters haben mehr als genug zu essen, und ich komme hier vor Hunger um. Ich will aufbrechen und zu meinem Vater gehen und zu ihm sagen: Vater, ich habe mich gegen den Himmel und gegen dich versündigt. Ich bin nicht mehr wert, dein Sohn zu sein; mach mich zu einem deiner Tagelöhner. Dann brach er auf und ging zu seinem Vater» (Lk 11–20).

Die Erzählung beginnt mit einer erstaunlichen Forderung: «Gib mir das Erbteil, das mir zusteht». Normalerweise kann erst dann geerbt werden, wenn der Erblasser gestorben ist. Der jüngere Sohn hat nur noch das ausstehende Erbe im Blickfeld und verhält sich so, als sei sein Vater bereits gestorben! Obwohl es auch in der damaligen Zeit eine ungeheuerliche Forderung war, handelt der Vater ganz erstaunlich. *«Da teilte der Vater das Vermögen auf. Nach wenigen Tagen packte der jüngere Sohn alles zusammen und zog in ein fernes Land».*

Der Sohn rafft alles zusammen und verlässt sein Elternhaus. Bei diesem Wegzug handelt es sich nicht um den gewöhnlichen Ablöseprozess eines jungen Menschen gegenüber dem Elternhaus. Hier findet ein Bruch in den Beziehungen statt, denn er will das Erbe ausbezahlt haben und kehrt dann dem Elternhaus den Rücken zu.

Nun *«führte er ein zügelloses Leben und verschleuderte sein Vermögen»*. Der jüngere Sohn lässt seinen Gelüsten freien Lauf. Nur der Reiz des Augenblicks zählt. Geniessen, was möglich ist, und solange es geht. Er lebt vom Augenblick und vom geerbten Geld. Solange er Geld hat, hat er Freunde und es geht ihm gut. Doch – *«Als er alles durchgebracht hatte, kam eine grosse Hungersnot über das Land, und es ging ihm sehr schlecht. Da ging er zu einem Bürger des Landes und drängte sich ihm auf; der schickte ihn aufs Feld zum Schweinehüten. Er hätte gern seinen Hunger mit den Futterschoten gestillt, die die Schweine frassen; aber niemand gab ihm davon»*.

Sich bei den Schweinen aufzuhalten, ist für ein Mitglied des jüdischen Volkes die schlimmste Entwürdigung, denn Schweine gelten als unreine Tiere, und wer mit Schweinen zu tun hat, der steht ausserhalb jeder menschlichen Beziehung! Und in diesem Elend, da möchte nun der jüngere Sohn von deren Futterschoten essen. Doch «niemand gibt ihm davon». Er ist völlig isoliert und völlig ausgehungert, seelisch wie körperlich!

In seiner totalen Isolation geht der Sohn in sich. Er erinnert sich an seinen Vater und an seine Würde. Er erinnert sich, wie daheim die Würde der Menschen – selbst der Tagelöhner – geachtet wurde. Da entschliesst er sich, heimzugehen, um zu fragen, ob er wenigstens als Tagelöhner arbeiten darf. Er ist sich jetzt seiner Schuld bewusst und bereitet sein entsprechendes Geständnis vor. Er will nichts beschönigen, sondern bekennen: *«Vater, ich habe mich gegen den Himmel und gegen dich versündigt. Ich bin nicht mehr wert, dein Sohn zu sein; mach mich zu einem deiner Tagelöhner»*. Dann bricht er auf und macht sich auf den Heimweg.

Die Reaktion des Vaters

Dem Vater geht das Elend seines Sohnes zu Herzen. *«Er hatte Mitleid mit ihm»*. Täglich hielt er Ausschau nach ihm, und als er ihn von Ferne kommen sah, lief er «dem Sohn entgegen, fiel ihm um den Hals und küsste ihn». Er küsst ihn trotz des Schweinedrecks, der an seinem Sohn haftet. Und nicht nur das: Der Vater verzichtet auf jegliche Vorwürfe. Er freut sich einfach, dass sein Sohn wieder da ist, und dass dieser jetzt bereit ist, sich von ihm lieben zu lassen. Nur das zählt für ihn! Der Sohn kommt nicht einmal dazu, seine ganze vorbereitete Entschuldigung auszusprechen. Der Vater unterbricht ihn und befielt seinen Knechten: *«Holt schnell das beste Gewand und zieht es ihm an, steckt ihm einen Ring an die Hand und zieht ihm Schuhe an. Bringt das Mastkalb her und schlachtet es; wir wollen essen und fröhlich sein. Denn mein Sohn war tot und lebt wieder; er war verloren und ist wiedergefunden worden. Und sie begannen, ein fröhliches Fest zu feiern» (Lk 15,20b–24).*

Der Vater rehabilitiert seinen Sohn völlig und stattet ihn mit aller Würde neu aus. Er schenkt ihm ein neues Kleid, (Zeichen der Ehre und des Bedeckens seiner Schuld), einen neuen Ring, (Zeichen der Sohnschaft und der Verwaltung über das Vermögen) und neue Schuhe (Zeichen des Ansehens) und feiert ein fröhliches Fest.

Der ältere Sohn

Rein äusserlich gesehen hat der ältere Sohn sein Elternhaus nicht verlassen. Die ganze Zeit über war er zu Hause und erfüllte alle Pflichten. Wahrscheinlich haben die Nachbarn zum Vater gesagt, auf diesen Sohn könne er wirklich stolz sein, denn dessen Auftreten und Erscheinungsbild waren korrekt: ein Mustersohn.

«Sein älterer Sohn war unterdessen auf dem Feld. Als er heimging und in die Nähe des Hauses kam, hörte er Musik und Tanz. Da rief er einen der Knechte und fragte, was das bedeuten solle. Der Knecht antwortete: Dein Bruder ist gekommen, und dein Vater hat das Mastkalb schlachten lassen, weil er ihn heil und gesund wiederbekommen hat» (Lk 15,25–27).

Nun zeigt sich das Problem des älteren Sohnes: Innerlich hat er eine Störung, einen Widerstand gegen die Liebe seines Vaters: *«Da wurde er zornig und wollte nicht hineingehen» (Lk 15,28a).*

Er ist neidisch, unzufrieden, zornig, berechnend, rechthaberisch. Das zeigt: Er liebt weder seinen Vater – sonst würde er sich mit diesem freuen – noch seinen Bruder. Er lebt in Konkurrenz zu seinem Bruder, sonst würde er sich freuen, dass er wieder da ist. Er ist verbittert, fühlt sich betrogen und benachteiligt.

Bildbetrachtung

Der bekannte Künstler Rembrandt (1606–1669) hat kurz vor seinem Tod die Szene des heimkehrenden Sohnes in einem lebensgrossen Bild (200 x 262 cm) auf eindrückliche Weise dargestellt. Der Vater steht leicht nach vorne gebeugt, die Hände auf dem Rücken des Sohnes ruhend. Es ist ein Ausdruck von innerer Freude über die Heimkehr. Die Augen des Vaters gleichen denen einer blinden Person, so, als ob der Vater gar nicht sehen möchte, wie der Sohn die vergangene Zeit verbracht hat. Er sieht über das Elend hinweg.

Auch das Elend des jüngeren Sohnes zeigt sich im Bild. Sein Kopf ist kahl geschoren. Damals wurden nur Sklaven geschoren. Man darf in dieser Darstellung aber auch an den Kopf eines Neugeborenen denken. Der Sohn trägt nur noch zerrissene braune Unterkleider, ein Obergewand hat er nicht mehr. Seine Sandalen sind zerrissen: Zeichen für Elend und Schmerz. Einzig das Schwert an seiner Seite erinnert noch an die Würde des Elternhauses.

Im Bild sehen wir den älteren Sohn ganz aufrecht stehen. Richtig steif steht er da – und er steht am Rand, schaut von oben herab auf das Geschehen. Er bleibt im dunklen Teil des Bildes stehen und bewegt sich nicht zum Licht, nicht zur Freude und zum Fest hin.

Die Reaktion des Vaters

Der Vater fühlt mit seinem älteren Sohn mit. Er kennt dessen Problem. Und auch ihm geht er entgegen. Er verlässt das Fest und sucht seinen älteren Sohn für das Fest zu gewinnen: *«Sein Vater aber kam heraus und redete ihm gut zu» (Lk 15,28b).*

Doch der Sohn überhäuft seinen Vater mit Vorwürfen: *«So viele Jahre schon diene ich dir, und nie habe ich gegen deinen Willen gehandelt; mir aber hast du nie auch nur einen Ziegenbock geschenkt, damit ich mit meinen Freunden ein Fest feiern konnte. Kaum aber ist der hier gekommen, dein Sohn, der dein Vermögen mit Dirnen durchgebracht hat, da hast du für ihn das Mastkalb geschlachtet» (Lk 15,29b–30).* Er beklagt sich, der Vater habe ihm nicht einmal einen Ziegenbock für ein Fest mit den Freunden geschenkt. Er spricht auch nicht mehr von seinem Bruder, sondern sagt distanziert: «Kaum aber ist der hier gekommen, dein Sohn ...» (Lk 15,30). Im Gespräch mit dem Vater beruft er sich auf seine Arbeitsleistung und seine «Rechtschaffenheit». *«Nie habe ich gegen deinen Willen gehandelt» (Lk 15,29a).*

Der ältere Sohn ist so auf sich und seine Korrektheit ausgerichtet, dass er gar nie gemerkt hat, was der Vater ihm alles hat schenken wollen. Er versteht sich nicht als ein geliebter Sohn, der dazugehört und dem die ganze Fülle des Hauses frei zur Verfügung steht: *«Mein Kind, du bist immer bei mir, und alles, was mein ist, ist auch dein» (Lk 15,31)*, sagt ihm deshalb der Vater. Das heisst doch: «Alles steht dir zur Verfügung. Nimm an, was dir angeboten ist. Der Kühlschrank ist voll! Freue dich über das, was dir geschenkt ist. Und vor allem: Freude dich, denn du hast deinen Bruder wieder erhalten. Das müssen wir doch feiern, *«denn dein Bruder war tot und lebt wieder; er war verloren und ist wiedergefunden worden» (Lk 15,32)*.

Sich dem Heilungsweg öffnen

Ich war zu Hause der Chef-Mäusefänger der Familie. Wir hatten viele Obstbäume und wenn ein Baum nicht in Ordnung war, sagte mein Vater: «Leo, da müssen Mäuse sein!» Dann ging ich und versuchte, die Mäuse zu fangen, welche die feinen Wurzeln der Bäume frassen. Dabei lernte ich: Wenn ein Baum schlechte Früchte trägt, wenn seine Äste krank sind, dann ist meistens etwas an den Wurzeln nicht in Ordnung. Der Baum nimmt nicht genügend Nährstoffe auf.

Mit anderen Worten: Wenn etwas in unserem Leben nicht stimmt, wenn wenig Lebensfreude da ist, wenn wir keinen tiefen Frieden in uns haben, müssen wir nicht die Symptome bekämpfen, sondern nach der Ursache suchen. Diese kann tief in uns verborgen sein und hat mit den Wurzeln unseres Lebens zu tun haben. Wir nehmen zu wenig Liebe in uns auf. Vieles andere ist dann nur eine Folge dieses Mangels an Liebe.

Die Wurzelstörung

Die Wurzelstörung beider Söhne bestand darin, dass sie sich der Liebe ihres Vaters nicht öffneten. Sie verstanden sich beide nicht als geliebte Söhne. Sie nährten sich nicht von der Liebe des Vaters. Beide lebten in Distanz zu ihrem Vater; der Jüngere äusserlich und innerlich, der Ältere nur innerlich. Beide kümmerten sich nicht um den Vater und auch nicht um ihren Bruder. Beide wurden auf eine Art «Egoisten». Und suchten auf ihre Art die fehlende innere Erfüllung zu kompensieren.

Das ist nicht neu, denn bereits vor über 2500 Jahren sprach Gott durch den Propheten Jeremia: *«Mein Volk hat doppeltes Unrecht verübt: Mich hat es verlassen, den Quell des lebendigen Wassers, um sich Zisternen zu graben, Zisternen mit Rissen, die das Wasser nicht halten» (Jer 2,13).* Wer sein Leben nicht aus der Quelle, der Liebe Gottes zu gestalten sucht, dem zerrinnt die innere Erfüllung, wie das Wasser aus einer Zisterne mit Rissen. Dann ist es nur natürlich sich zu fragen: «Wie komme ich zu dem, wonach ich mich sehne?»

Meist beginnen wir dann eigene Zisternen zu bauen und nach Ersatz zu suchen. Wir möchten uns selber bestätigen, beweisen und als wertvoll darstellen. Doch die selber gegrabenen Zisternen vermögen die wahre Quelle des Lebens nicht zu ersetzen.

Den Mangel füllen lassen

Können Sie sich mitfreuen am Erfolg, am Glück, an den Gaben der anderen? Können Sie andere loben? Können Sie gut anderen Applaus schenken? Gott kann es. Wer sich mitfreuen kann an dem, was Gott anderen schenkt, der hat immer Grund, sich zu freuen. Ich selber merke, dass ich das nicht ohne weiteres kann. Einiges sträubt sich in mir! Warum?

Wer Hunger hat, kann sich nur schwer am Festmenü anderer freuen. Zu sehr leidet er am Hungergefühl, an den Erfahrungen von Mangel. Wir alle tragen ein Kind, unsere Kindheit, in uns. Mangel an Bejahung des Kindes, unserer Person von Anfang an, lässt ein hungerndes Kind in uns zurück. Solange dieser Hunger nicht gestillt ist, wird echtes Mitfreuen ein unmögliches Unterfangen, ja gerade eine moralische Überforderung. Darum sagt der Vater zum älteren Sohn: *«Alles was mein ist, ist auch dein.»* Ich biete dir die ganze Fülle meiner Liebe und meines Glückes an. Nimm an! Lass mich deinen tiefen Hunger stillen. Dann wirst du dich freuen können, wenn ich auch gut zu anderen bin.

Das Beispiel der beiden Söhne zeigt, dass Gott uns so annimmt und liebt, wie wir sind, auch mit allen unseren Eigenheiten und Fehlern. Er liebt uns einfach als Seine Kinder. Er freut sich, dass es uns gibt und ist bereit, alles zu investieren, dass wir unser Leben in der Gemeinschaft mit Ihm gestalten und so zum inneren Frieden finden.

Wie sehr Gott uns wirklich liebt, beschreibt der Apostel Paulus im Brief an die Christen in Rom. Darin will er zeigen, dass Gott uns Menschen bedingungslos annimmt und sogar Sein Leben für uns hingibt: *«Wie sehr uns Gott liebt, beweist er damit, dass Christus für uns starb, als wir noch Sünder waren» (Röm 5,8* aus: *«Gute Nachricht»).* Gottes Liebe zuzulassen und die Würde anzunehmen, die Gott uns damit gibt – damit beginnt der Heilungsweg.

Gott will uns die Fülle Seiner Liebe meist durch Menschen schenken. Unsere Mitmenschen sind der Ort der Heilung. Darum brauchen beide Söhne einander für die Heilung ihres Lebens. Sie können aber die Liebe Gottes voneinander nur empfangen, wenn sie ihr Herz einander neu öffnen. Solange sie jedoch Widerstände und Verhärtungen gegeneinander im Herzen tragen, können sie die Liebe nicht empfangen, die Gott ihnen jeweils durch den Anderen geben möchte. Gott will jeder und jedem mehr als genug geben. Doch nur zu oft nehmen wir die Liebe von bestimmten Menschen nicht an, weil sich in uns etwas gegen sie sperrt.

Unsere Gefühle

Unseren Gefühlen folgend unterscheiden wir die Menschen schnell in zwei Hauptgruppen: in solche, die uns sympathisch sind, die uns angenehm sind, von denen wir in irgendeiner Form profitieren können – und in solche, die uns unsympathisch sind, die uns Mühe machen, die anders sein sollten, weil sie uns, so wie sie sind, stören. Solch unangenehme Personen lehnen wir schnell ab. Wir halten ihnen – meist unausgesprochen und unbewusst – im Herzen vor, dass sie anders sein müssten.

Ich erinnere mich an eine Mutter, die mir von ihren Schwierigkeiten mit einem Kind erzählte: Sie könne machen, was sie wolle. Das Kind störe ständig und verhalte sich schwierig. Im Hineinlauschen auf ihre Beziehung zu diesem Kind, entdeckte sie, dass sie von Anfang an etwas an diesem Kind störte. Dieses Störende konnte sie nie annehmen. Ihre Gefühle sagten ihr: Das Kind müsste anders sein. Mit allen Mitteln wollte sie dies auch erreichen. Doch genau das Gegenteil traf ein, denn Ablehnung verhindert eine positive Entwicklung. Das ging so lange, bis die Mutter erkannte, dass ihre Einstellung zum Kind, ihre mangelnde Annahme, die Ursache des Problems war.

Solch unbewusste Ablehnung schleicht sich leicht in uns ein. Wir können sie in uns in sogenannten «Wenn-dann» Empfindungen entdecken. Wenn mein Partner, wenn meine Eltern, wenn meine Kinder, wenn mein Chef, wenn meine Nachbarn, wenn ..., dann wäre es schön, dann hätte ich es gut, aber eben ... So urteilen wir von uns, von unserem Standpunkt aus, von unserer Sichtweise, von unseren Gefühlen aus. Einmal mehr stehen wir in der Mitte, betrachten wir uns als Zentrum und nicht Gott.

Einander geschenkt

In den Augen Gottes ist jede und jeder ein Original, unendlich wertvoll und kostbar. Gott hat uns Menschen füreinander als Partner zur gegenseitigen Hilfe geschaffen. Wir sind – von Gott her gesehen – einander ein Geschenk. Die beiden Söhne müssen lernen, einander als Geschenk zu sehen und anzunehmen. Für Geschenke sind wir dankbar. Können Sie für Ihre Mitmenschen danken?

Ein Freund erwähnte in einem Vortrag den Satz: «Wer 'richtig' sieht, findet immer einen Grund, dankbar zu sein. Es sind nicht die Umstände, die das Leben bestimmen, sondern meine Deutung.» Darauf kam eine Frau zu ihm und sagte: «An einem Punkt habe ich keinen Grund, dankbar zu sein: Ich habe eine unausstehliche Mitarbeiterin. Kaum sind wir einige Zeit im Büro zusammen, haben wir Streit. Für diese Person kann ich nicht dankbar sein.» Nach einigen Momenten des Überlegens gab der Referent zur Antwort: «Ich denke, dass es auch hier einen Grund zum Danken gibt.» Überrascht fragte die Frau: «Was?» Darauf er: «Sie können dieser Frau gratulieren, denn sie ist der Mensch, der Ihnen am schnellsten Ihre Grenzen aufzeigen kann. Dafür können Sie dankbar sein, denn diese Person kann Sie einiges über Sie lehren.»

Gerade sogenannte «schwierige» Mitmenschen fordern uns heraus. An ihnen können wir z. B. Geduld lernen, aber auch uns abzugrenzen und «Nein» zu sagen. Schwierige Menschen fordern uns heraus, in der Treue und Liebe zu wachsen, mutig zu sein ... .

Jesus als Arzt unseres Lebens möchte uns sensibilisieren für all die Nöte, die einen Menschen so formen, dass er uns als schwierig erscheint. Er möchte unser eigenes eher schnell urteilendes Herz in ein mitfühlendes Herz verwandeln. Jesus möchte uns den Blick der Liebe schenken: Vielleicht haben Sie pubertierende Kinder zu Hause, die sich so benehmen, dass Sie an den Rand Ihrer Kräfte kommen? Vielleicht stehen Sie zurzeit in grossen Beziehungsproblemen? Vielleicht leben Sie im Unfrieden mit Ihren Eltern oder Ihren Nachbarn? Sind Sie bereit, die Probleme und Nöte zu sehen, die den anderen Menschen belasten und ihn so reagieren lassen, wie er eben reagiert?

Die Offenbarung der Gemeinschaft

Das Kranke in uns können wir am besten in der Gemeinschaft erkennen. Solange einer alleine lebt, merkt er seine «Ecken» und «Kanten» kaum. Er kommt sich leicht gut und ideal vor. Der ältere Sohn kam sich lange als sehr gut, ja als ideal vor: «Wären doch alle so wie ich...», könnte er oft gedacht haben. Doch als sein Bruder heimkam, wurde seine Krankheit offenbar: er kann sich nicht mitfreuen. Ihm wäre es lieber gewesen, wenn sein jüngerer Bruder nicht heimgekommen wäre. Doch damit wäre seine Krankheit geblieben. So offenbart die Heimkehr seines Bruders seine Krankheit. Das ist die Chance seines Lebens. Sein Bruder ist nicht nur der Ort, der ihm seine Krankheit bewusst macht, sondern zugleich der Ort seiner Heilung. Wie ist das zu verstehen?

Als eine Mitarbeiterin mir einmal eine kritische Frage stellte, stieg Schmerz in mir auf und eine harte Wand baute sich auf in mir. Beim weiteren innerlichen Nachgehen dieses Ereignisses ging mir dann auf, dass ich Angst vor Kritik habe. Auf Grund von Kindheitsprägungen bin ich auf unerlöste Bereiche in mir gestossen, auf Verkoppelung von Leistung und Werterfahrung. Dies einzusehen und zuzulassen war schmerzlich und zugleich heilsam. Heilung wurde möglich. *«Alles, was aufgedeckt ist, wird vom Licht erleuchtet» (Eph 5,13).* Doch solches Aufdecken tut meistens weh. Da können wir uns entweder wie die Schriftgelehrten und Pharisäer empört verschliessen oder wie Zachäus und Levi uns dem Schmerz stellen. Zu Letzterem lädt Jesus uns ein: Stell dich dem Schmerz. Schau ihn an und halte ihn Mir hin.

Lass dich lieben!

Das Gleichnis vom barmherzigen Vater zeigt uns unsere Lebenssituation nach dem «Sündenfall» auf. Im Paradies war Gott die Mitte. Er war die Sonne, die mit ihren Strahlen wärmte und belebte. Gott gab den Menschen nur ein Gebot: Lass die Mitte Mitte sein, sonst verlierst du dich selber, sonst fällst du aus dem Lot. Wende dich der Sonne, das heisst Gott und Seinen guten Wegen, zu.

So kann Heilung für beide Söhne nur geschehen, wenn sie sich neu der Liebe des Vaters zuwenden, sich als Seine geliebten Söhne verstehen, von Ihm her leben und Seiner Liebe vertrauen. Genau darum geht es auch bei uns. Es geht darum, Gott zur Sonne unseres Lebens zu erwählen und Seiner Liebe ganz zu vertrauen! Es geht darum von Ihm her unser Leben anzuschauen, von Ihm her unsere Mitmenschen anzunehmen, uns von Ihm führen und uns von Ihm lieben lassen.

Jetzt heimkehren

Beide Söhne im Gleichnis waren fern vom Vater. Beide mussten umkehren – besser gesagt: heimkehren – wenn sie am Fest teilnehmen wollten. Der jüngere Sohn kehrte heim. *«Dann brach er auf und ging zu seinem Vater» (Lk 15,20).* Beim älteren Sohn wissen wir es nicht, ob er doch noch am Fest teilnahm. Und wir?

Heimkehren bedeutet: Widerstände loslassen. Es heisst auch: den Schritt tun, den wir jetzt tun können! Das als richtig Erkannte dürfen wir nicht aufschieben, denn: «Des Teufels liebstes Möbelstück ist die lange Bank» (Spruchkarte). Jetzt ist die Zeit, wo Gottes Liebe uns neu begegnen möchte.

Bei allem ist Ehrlichkeit entscheidend: Ich habe an verkehrten Gedanken und Vorstellungen festgehalten. Es war mir gar nicht bewusst... *«Ich habe gesündigt ...»* sagte der jüngere Sohn und stand ganz zu seiner Schuld. Ehrlich, ohne Ausreden, dürfen wir uns dem Vater zuwenden.

Alles Jesus anvertrauen

Wer zu einem Arzt geht, zeigt ihm die kranken und wunden Stellen und vertraut sich ihm an. In gleicher Weise dürfen auch wir zu Jesus kommen. Die ganze Vergangenheit, unsere gegenwärtigen Beziehungen, unsere Pläne, Sorgen, Ängste, alles, was im Leben zerbrochen ist, was an Frust und Beschämung da ist, alles dürfen wir Jesus anvertrauen und in Seine Hände legen. Auch alles Unvermögen, z.B. das Nicht-verzeihen-können, unsere Widerstände, die Empörung, alles dürfen wir dem Arzt Jesus übergeben. Bei Ihm ist alles gut aufgehoben. Für alle Situationen hat Er Heilungswege.

Jesus wirken lassen

Der dritte Gedanke besteht darin, Jesus wirken zu lassen. Der Vater im Gleichnis liebt beide Söhne ganz und gar. Zwar haben beide ihn, einander und sich selbst verletzt. Beide möchte er durch seine Liebe reinigen, von der Last der Vergangenheit befreien und sie heilen. Beiden möchte er einen neuen Anfang ermöglichen.

Und wie dieser Vater – so ist auch Gott! Gott möchte auch uns einen neuen Anfang ermöglichen! Mit Seiner Liebe möchte Er uns erfüllen und von innen heraus verwandeln.

Sind wir bereit, alle unsere «Aber», alles Festhalten an Vorwürfen und Hängen an der Vergangenheit loszulassen und uns Gottes Liebe neu zu öffnen?

Die Liebe des Vaters begegnet uns im Arzt Jesus. Jesus ist der Erlöser und Heiland. Durch die Begegnung mit Jesus will uns der himmlische Vater heilen. In und durch Jesus will Er uns mit Liebe erfüllen. Ihn dürfen wir an uns wirken lassen.

Bildbetrachtung

Lassen wir die Liebe Gottes in diesem Bild noch einmal auf uns wirken. Wir sehen, wie der Vater den jüngeren Sohn liebevoll umarmt. Zart lässt sich der Sohn an das Herz seines Vaters drücken. Oder lehnt er sich an den Vater an? Vielleicht beides. Jedenfalls spürt er ganz tief, wie der Vater ihn willkommen heisst und annimmt. Der Sohn hat ein Herz gefunden, dem er sich ganz anvertrauen und überlassen kann. Ein Herz, das nicht verurteilt, sondern ihn bis ins Innerste hinein versteht und auch mit ihm fühlt.

Wenn wir genau hinschauen, entdecken wir im Zentrum des Lichtes auf dem Rücken des Sohnes die anschmiegsame Hand einer Frau. Daneben die kräftige Hand eines Mannes. Mütterlich und väterlich ist das Erbarmen Gottes, das drückt der Maler damit aus. Gott ist auf mütterlich-zärtliche und väterlich-kraftvolle Weise barmherzig.

So wie der Vater mit diesem Sohn umgeht, so ist Gott zu uns allen. So wie Sie in diesem Moment gerade sind, so möchte Er Sie liebevoll in Seine Arme nehmen und zärtlich an Sein Herz drücken. Er möchte Sie spüren lassen, dass Er Sie versteht, dass Er um all Ihre Sehnsüchte, Leiden, Wunden und Enttäuschungen weiss. Er möchte Sie sanft berühren und Ihnen gut tun. Er möchte Ihr Leben mit Wärme und einer tiefen Liebe erfüllen.

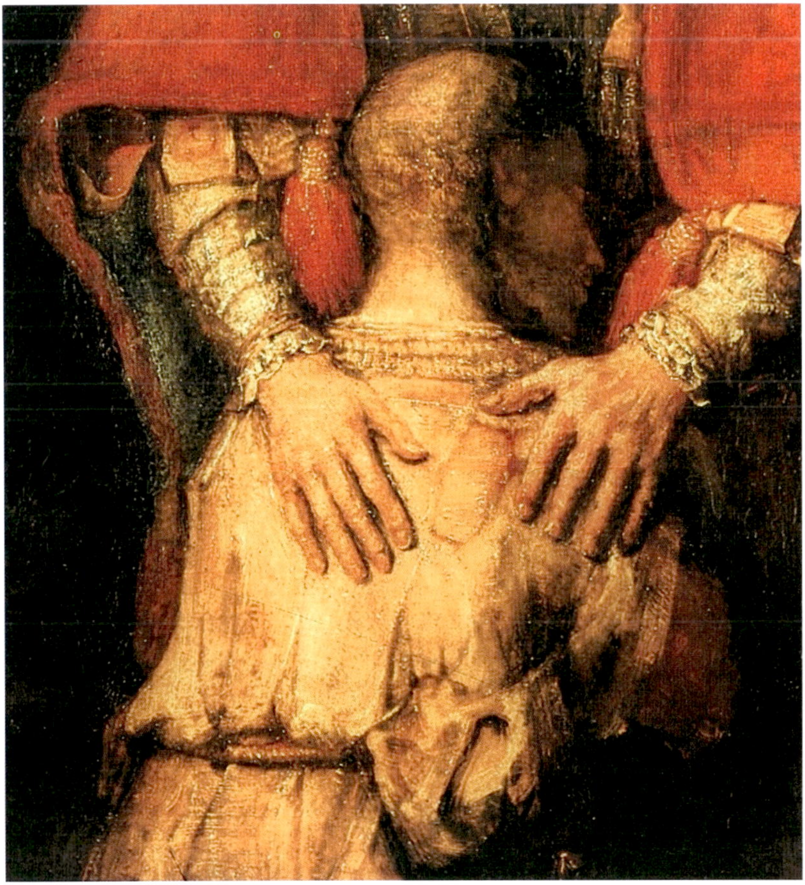

Liebe Leserin, lieber Leser

Vielleicht spüren Sie selber, dass es gut ist, hier innezuhalten und die eigene Lebenssituation etwas näher anzuschauen. Dazu gibt Ihnen das Teilnehmerheft wieder Hilfen. Es zeigt Ihnen Schritte, wie Sie sich neu der heilenden Liebe Gottes öffnen können.

Für viele Leserinnen und Leser war es besonders hilfreich, die Fragen der täglichen Betrachtungen im Teilnehmerheft auf einem separaten Blatt zu beantworten, welches sie an die Versöhnungsfeier mitbringen konnten.

5. Das Fest der Befreiung – «Dir ist vergeben!»

Der Ort, wo Gott uns befreit und vergibt, ist das Kreuz. Darum ist das Kreuz zum Hauptsymbol des christlichen Glaubens geworden. Wir finden es nicht nur an verschiedenen Orten in der Landschaft, auf Bergspitzen, auf Kirchen, in Wohnungen, an besonderen Stätten, ... In unserem Glaubensleben spielt das Kreuzzeichen eine grosse Rolle. Wir verwenden es zu Beginn und am Ende von Gebeten, bei Segnungen, bei liturgischen Feiern usw. Weshalb hat eigentlich das Kreuz eine so grosse Bedeutung?

Das Kreuz – Offenbarung der Liebe Gottes

Der Evangelist Johannes beschreibt die grösste Liebesgeschichte der Welt mit folgenden Worten: *«Denn Gott hat die Welt so sehr geliebt, dass er seinen einzigen Sohn hingab, damit jeder, der an ihn glaubt, nicht zugrunde geht, sondern das ewige Leben hat» (Joh 3,16)*. Gott handelt in Seiner Liebe so, wie es sich kein Mensch ausdenken würde: Der Vater gibt uns Sein Kostbarstes, Seinen einzigen Sohn. In Ihm gibt Er Sein eigenes Herz, denn der Vater lebt ganz mit Seinem Sohn Jesus. Was den Sohn trifft, trifft zugleich auch Ihn. Er leidet ganz mit Seinem Sohn. Das Ziel der Hingabe Seines Sohnes ist Leben für alle, die glauben.

Ein eindrückliches Bild aus der Natur für diese Art der Hingabe ist der Pelikan. Von ihm wird erzählt, dass er, wenn er für seine Jungen keine Nahrung finden kann, die eigene Brust aufpickt, damit die Jungen sich von seinem Blut nähren können. Dabei stirbt er, während die Jungen überleben.

Leben zu geben und wahres, gutes Leben zu ermöglichen, war das Anliegen Jesu. Dafür trat Er und dafür setzte Er Sein ganzes Leben ein. Dieser Einsatz für das Leben brachte Jesus in den Konflikt mit den Verantwortlichen der damaligen Zeit. Doch Jesus blieb Seiner Sendung – Leben zu geben – auch dann treu, als dies den Tod am Kreuz zur Folge hatte. So wurde das Kreuz zum grössten Zeichen der Liebesgeschichte Gottes mit uns. Am Kreuz offenbart sich Gottes Liebe am Deutlichsten und in einer unübertrefflichen Weise.

Unsere Beziehung zum Kreuz

Unsere Beziehung zum Kreuz – oder besser zur Liebe Gottes, wie sie sich am Kreuz offenbart – kann ganz unterschiedlich sein. Vielleicht können Sie mit dem Kreuz gar nichts anfangen. Das darf so sein. Es genügt, offen zu sein und auch bereit, sich eventuell einen neuen Zugang schenken zu lassen.

Der Kreuzestod Jesu – das heisst die Liebe Gottes, wie sie sich am Kreuz offenbart – gehört zum innersten Geheimnis des christlichen Glaubens. «Geheimnis» meint hier nicht etwas, das man nicht genau versteht. Mit «Geheimnis» bezeichnen wir vielmehr eine Wirklichkeit, die nur über eine innere Erfahrung zugänglich wird.

Mein «Zugang» zum Geheimnis der Liebe Gottes zeigt das Kreuz, das mir ein Schlosser meines Heimatdorfes zur Priesterweihe anfertigte. Bei diesem Kreuz war mir wichtig, dass er die Arme Jesu, die am Kreuz angenagelt sind, vergrössert darstellte. Denn das letzte sichtbare Zeichen des irdischen Jesus sind die ausgebreiteten Arme am Kreuz. Für mich ist dies Sein Testament: Jesus hat die Arme am Kreuz ausgebreitet, um alle zu umarmen. Allen sagt Er: «Komm, lass dich lieben. Komm, lass dich umarmen. Komm, nimm an, was ich für dich getan habe!»

Die Qual Jesu

Eine Türe zu diesem Geheimnis kann vielleicht aufgehen, wenn wir uns bewusst machen, was Kreuzigung überhaupt ist. Wenn man zur Zeit Jesu das Wort «Kreuz» hörte, zitterten die Menschen vor Schreck. Denn sie erlebten damals diese brutale Grausamkeit oft hautnah mit. Dabei ist zu bedenken: Jesus wusste genau wie brutal eine Kreuzigung ist und Er nahm diese freiwillig – aus Liebe zu uns – auf sich.

Der römische Politiker und Schriftsteller Cicero (106–43 v. Chr.) beschrieb die Kreuzigung als «die grausamste und widerlichste aller Foltern. »Man nahm Jesus die Kleidung ab und fesselte Ihn an einen eigens verankerten Pfahl. Er wurde mit vier oder fünf Lederriemen ausgepeitscht, an denen scharfe Knochen- und Metallsplitter befestigt waren. Eusebius (265–338) beschrieb die römischen Auspeitschungen wie folgt: «Die Adern lagen bloss und die unverhüllten Muskeln, Sehnen und Därme der Opfer waren zu sehen.»Die römischen Auspeitschungen waren so brutal, dass manche sie nichtüberlebten.

Jesus wurde nach dieser Auspeitschung in das Amtsgebäude des Statthalters geführt. Dort presste man Ihm eine Dornenkrone auf den Kopf. Dann zwang man Ihn, einen schweren Kreuzbalken auf Seinen blutenden Schultern zu tragen, bis Er zusammenbrach und Simon von Cyrene genötigt wurde, den Balken für Ihn zu tragen.

Als sie den Kreuzigungsort erreicht hatten, zog man Ihm die Kleider wieder aus. Er wurde auf das Kreuz gelegt, und mit langen Nägeln wurden die Handgelenke festgemacht. Seine Knie wurden seitwärts gedreht, damit die Fussgelenke zwischen dem Fersenbein und der Achillessehne festgenagelt werden konnten. Er wurde mitsamt dem Kreuz aufgerichtet, welches in einer Versenkung im Boden verankert wurde. Dort überliess man Ihn der sengenden Hitze, Seinem unerträglichen Durst und dem Spott der Menschenmenge. Stundenlang hing Er da und ertrug unvorstellbare Schmerzen, während Sein Leben langsam zu Ende ging.

Das beschreibt «lediglich» die körperlichen Qualen. Der eigentliche Schmerz Jesu geht aber über das körperliche Leiden hinaus. Selbst der seelische Schmerz, von der Welt wie ein Krimineller verstossen und von Seinen Freunden aufgegeben zu sein, trifft noch nicht den eigentlichen Kern Seines Leidens. Die grösste Qual bestand darin, unsere Sünden und damit auch unser Getrenntsein von Gott stellvertretend auf sich zu nehmen. Wie können wir das verstehen?

Jesus nimmt unsere Last auf sich

Erinnern wir uns an die Geschichte des Zöllners Zachäus. Als sich Jesus bei diesem Sünder zum Essen einlädt, und so öffentlich zu Seiner Freundschaft zu Zachäus steht, empören sich die Leute über Jesus. An dieser Stelle geschieht eine interessante Verschiebung. Bis jetzt haben sie Zachäus wegen dessen Betrügereien abgelehnt und waren entsprechend zornig auf ihn.

Als aber Jesus Zachäus öffentlich Seine Zuneigung und Liebe zeigt, entrüsten sich die Leute nicht mehr über Zachäus, sondern der ganze Zorn und die ganze Ablehnung geht auf Jesus über. Nun trägt Er die Last der Ablehnung. Er nimmt die Folgen der Sünden des Zachäus auf sich. Jesus leidet anstelle von Zachäus für dessen Fehler. Wir können sagen: Jesus «opfert» sich für Zachäus. Jesus wird zu seinem «Sündenbock».

Die Gedanken des «Opfers» und des «Sündenbocks» können wir besser verstehen, wenn wir die antike Sündenvorstellung vor Augen haben. Nach ihr fällt das Negative, das jemand verübt hat, auf den Täter zurück. Man glaubte, es bestehe ein so genannter «Tun-Ergehen-Zusammenhang», welcher unter anderem auf der Vorstellung beruht, dass das Negative so lange weitergeht und weiterwirkt, bis es irgendwann auf den Täter oder seine Nachfahren zurückkommt. Dann schliesst sich der Schuldkreislauf.

Dazu ein erfundenes Beispiel: Ein Arbeiter wird von seinem Chef ungerecht behandelt. Weil der Arbeiter unterlegen ist und seinem Chef das erlittene Unrecht nicht direkt zurückzahlen kann, lässt er seine Wut zu Hause an seiner Frau aus, welche sie ihrerseits an das Kind weitergibt. Dem Kind bleibt dann nichts anderes übrig, als den Hund zu plagen, welcher seinerseits den gerade zufällig am Hause vorbeispazierenden Chef beisst. Erst jetzt, wo die Schuld auf den ursprünglichen Täter zurückgefallen ist, kommt sie zur Ruhe.

Diese antike Vorstellung war gnadenlos. Hier gab es keine Vergebung. Darum suchten die Israeliten einen Ausweg aus diesem unheilvollen Kreislauf. Diesen Ausweg fand man in verschiedenen Riten, in denen man Tiere opferte oder Tiere zum «Sündenbock» erklärte *(vgl. Lev 16,21–22).* In diesen Riten wurden dem Tier die

Hände aufgelegt und dann über ihm die ganze Schuld des Volkes ausgesprochen und somit ihm auch aufgeladen. Nun trug dieses Tier die Schuld und sühnte sie, indem es geschlachtet wurde und starb oder in die Wüste getrieben wurde, wo es verendete. So erlitt das unschuldige Tier stellvertretend jene Strafe, welche die Menschen selber hätten verbüssen müssen. Das Tier war zum Sündenbock geworden. Das kann uns einen Zugang zum Opfer Jesu eröffnen.

Der Tod Jesu

Als Johannes der Täufer Jesus auf sich zukommen sah, sagte er: *«Seht, das Lamm Gottes, das die Sünde der Welt hinwegnimmt» (Joh 1,29).* Genau das ist am Kreuz geschehen. Jesus stirbt unschuldig und wird für uns – im übertragenen Sinn – zum Sündenbock, zum Opferlamm. Jesus hat sich *der* Sünde, allem Negativen, aller Ungerechtigkeit, aller Schuld, allen Wunden und allem Schmerz der Welt ausgesetzt. Ja noch mehr: Er hat auf geheimnisvolle Weise die Sünde der ganzen Menschheit auf sich genommen und wurde so gleichsam *«zur Sünde» (vgl. 2 Kor 5,21).* Dass Jesus unsere Schuld auf sich genommen hat, bekennen wir auch vor jeder Kommunion: *«Seht das Lamm Gottes, das hinweg nimmt die Sünde der Welt.»*

Dieses Auf-sich-Nehmen der ganzen Schuld der Menschen führte Jesus am Kreuz in eine abgrundtiefe Verlassenheit. Stellvertretend für die ganze Menschheit, die sich von Gott entfremdet hat, erfährt Er an sich selber die totale Gottverlassenheit: *«Mein Gott, mein Gott, warum hast du mich verlassen?» (Mk 15,35)* Jesus hat all unsere Schuld auf sich genommen, und so ist Er gestorben. Folgende Schriftstellen bringen dieses Erlösungsgeschehen zum Ausdruck: *«Der Herr lud auf ihn die Schuld von uns allen» (Jes 54,66). «Die Liebe Gottes wurde unter uns dadurch offenbart, dass Gott … seinen Sohn als Sühne für unsere Sünden gesandt hat» (1 Joh 4,9–10). «Ihr wisst, dass ihr aus eurer sinnlosen, von den Vätern ererbten Lebensweise nicht um einen vergänglichen Preis losgekauft wurdet, nicht um Silber oder Gold, sondern mit dem kostbaren Blut Christi, des Lammes ohne Fehl und Makel» (1 Petr 1,18–19).*

Jesus hat die Sünde und alle ihre Folgen auf sich genommen. Gott aber steht zu Seinem Sohn. Er trägt Ihn durch all das hindurch, sodass Jesus im Sterben sagen kann: *«Vater, in deine Hände lege ich meinen Geist» (Lk 23,46).*

Versöhnung annehmen

Jesus, unser Arzt, will vom Kreuz her unsere Beziehungen heilen: die Beziehung zu Gott, zu uns selbst und zu den Mitmenschen. Er will ein neues Mit- und Füreinander ermöglichen. Das biblische Wort dafür ist Reich Gottes. Ein anderes ist Sühne. *«Er ist die Sühne für unsere Sünden, aber nicht nur für unsere Sünden, sondern auch für die der ganzen Welt» (1 Joh 2,2).* Sühne bedeutet: Was getrennt ist, findet durch Jesu Leben und Sterben wieder zusammen in der Liebe des Vaters.

Das biblische Wort dafür ist «Versöhnung»[5]. Jesus will alle und alles durch Seine Liebe, die sich am Kreuz zeigte, versöhnen und heilen. Die Frage ist nun: Öffnen wir uns der Erlösung am Kreuz? Nehmen wir Seine Liebe an? Lassen wir Seine versöhnende Liebe in all unsere Beziehungen herein?

Auf einer Strasse geht ein Mann mit zwei schweren Koffern. Da hält ein Lastwagen, und er darf hinten auf den offenen Lastwagen steigen. Nach einer gewissen Zeit schaut der Fahrer nach rückwärts zu dem Mann hin. Da muss er laut lachen, denn er sieht, wie dieser Mann auf dem Lastwagen steht und die beiden schweren Koffer krampfhaft in den Händen hält, anstatt sie auf den Lastwagen zu legen. So kann es mit unserem christlichen Leben aussehen. Viele leben irgendwie mit Jesus, das heisst, sie sind auf den Lastwagen gestiegen, aber noch tragen sie die Last der Vergangenheit, die Last der Schuld, die Last der Vorwürfe selber. Sie haben sie noch nicht losgelassen, noch nicht Jesus am Kreuz abgegeben.

Was loslassen hilft

Eine der weltweit erfolgreichsten Therapien für die verschiedensten Suchtkrankheiten ist das Zwölf-Schritte-Programm der sogenannten «Anonymen Alkoholiker». In zwölf Schritten werden die Menschen zu einem neuen Leben in Freiheit angeleitet. Die Schritte 4–6 können uns zeigen, was zum Loslassen hilft.

---

5 Zur Klärung der Begriffe «Versöhnung» und «Vergebung»: Vergebung (Verzeihen) ist einseitig: «Ich vergebe dir» Eine Person vergibt einer anderen Person. Versöhnung ist gegenseitig: Auch die andere Person vergibt mir, die Beziehung wird dadurch geheilt. Versöhnung mit Gott und dem eigenen Ich ist immer möglich. Versöhnung mit den Mitmenschen leider nicht, wie Paulus aus Erfahrung weiss (vgl. Röm 12,18). Bei der Versöhnung bitte ich: «Bitte vergib mir!»

4. «Wir legen gründlich und furchtlos Rechenschaft über unser eigenes moralisches Verhalten ab.» Zuerst geht es um die klare Erkenntnis. Wir können nur loslassen, was uns bewusst wird.

5. «Wir gestehen Gott, uns selber und einem anderen Menschen genau ein, worin unsere Fehler bestehen.» Hier ist Ehrlichkeit und Wahrhaftigkeit gefragt. Unsere Gebundenheiten einzugestehen und zu bekennen, helfen, sie loszulassen.

6. «Wir sind ganz und gar bereit, uns von Gott alle diese Charakterfehler nehmen zu lassen.» Da ist unser Wille gefragt.

Nur wenn wir unsere Vorwürfe, Widerstände – und alles, was wir an Vorhaltungen und Beschuldigungen in unseren Herzen aufbewahren – wirklich und endgültig abgeben, werden wir frei. Wir haben dann aufgehört – zum Beispiel unseren Eltern – die Schuld dafür zu geben, dass wir uns heute so und so benehmen. Wir verzichten auf Ausreden. Wir übernehmen vielmehr selber die Verantwortung für unser Verhalten.

Sich treffen lassen

Im Wort «Verantwortung» ist das Wort «Antwort» enthalten. Echte Verantwortung heisst, Antwort geben auf das Versöhnungsangebot Jesu. Wir können uns Seinem Versöhnungsangebot öffnen oder uns verschliessen. Das ist die tragische Seite der Liebesgeschichte Gottes. Können Sie erahnen, was das für Jesus heisst: Da hat Er all Ihre Krankheiten und Schuld bereits getragen und Er möchte Sie davon befreien und Sie wollen noch weiter ihre «Koffern» festhalten? Da hat Er am Kreuz Sein Leben hingegeben und Sie kümmert das nicht? Das ist das Drama der Liebesgeschichte Jesu. Das ist Sein Schmerz: *«Er kam in sein Eigentum, aber die Seinen nahmen ihn nicht auf» (Joh 1,11).* Da kommt der Arzt, um die Krankheiten zu heilen und wir weisen ihn vor der Tür ab. Kein Bedarf. Kein Interesse!

Irgendwann muss uns bewusst werden, dass in diesem Jesus Gott uns Seine helfende und rettende Hand hinhält! Irgendwann muss uns innerlich klar werden, dass Sein Leben mit meinem existenziell zu tun hat. Irgendwann muss uns persönlich aufgehen, dass Gott in Jesus unser Leben heilen möchte. Irgendwann – und wenn dies für Sie jetzt der Fall ist, dann laden wir Sie ein, sich auf Seinen Versöhnungsprozess einzulassen.

Vergebung – das «Medikament» des Arztes Jesus

Paulus schreibt: *«Seid gütig zueinander, seid barmherzig, vergebt einander, weil auch Gott euch durch Christus vergeben hat» (Eph 4,32).* Gott hat uns am Kreuz durch Jesus Christus vergeben. Was Er damals getan hat, möchte Er uns heute schenken. Gott möchte uns unsere Sünden und Fehler vergeben. Wir müssen sie nicht mehr selber tragen. Wir dürfen sie zum Kreuz bringen. Jesus nimmt sie auf sich, und so werden wir frei davon. Das Kreuz ist der Ort der Befreiung unserer persönlichen Schuld.

Die Annahme der Befreiung zeigt sich daran, dass wir nun unsererseits diese Befreiung weitertragen: *«... vergebt einander, weil auch Gott euch durch Christus vergeben hat».* Wir sind aufgefordert, auch unseren Mitmenschen zu vergeben und nicht an dem hängen zu bleiben, was sie uns angetan haben. Das heisst: Auch das, was andere Menschen uns angetan haben, wo sie an uns schuldig geworden sind, bringen wir zum Kreuz und lassen es dort «sterben». Dem wollen wir noch etwas nachgehen: Wir haben alle Unrecht, zu wenig Liebe, Verletzungen ... kurz gesagt: Sünden anderer erfahren. Dafür können wir nichts. Doch wie wir darauf reagieren: das ist unsere Entscheidung und unsere Verantwortung!

Wir können uns verhärten, verschliessen ..., alte Vorwürfe und Rachewünsche in uns hegen und pflegen und anderen die Schuld geben, dass es mir jetzt so schlecht geht. In dieser Haltung verschliessen wir uns Gottes heilender Liebe, auch wenn wir noch soviel beten! Wir können uns aber auch öffnen und verzeihen.

Was beinhaltet Verzeihen?

Vergeben (Verzeihen) ist aber vorrangig keine Gefühlssache. Als Jesus am Kreuz starb, hatte Er keine guten «Gefühle» für die, welche Ihm solche Schmerzen zufügten und Seinem jungen Leben so brutal ein Ende bereiteten. Dennoch hat Jesus ihnen vergeben. Jesus hat sich zur Vergebung entschieden.

Verzeihen ist primär eine Angelegenheit des Willens. Es ist die Entscheidung: «Ich spreche dich von all dem frei, das ich durch dich erlitten habe. Ich will dir nicht mehr nachtragen, was du mir angetan hast. Ich will meine inneren Vorwürfe und meine Bitterkeit dir gegenüber aus der Hand geben. Ich distanziere mich davon und bringe diese inneren Vorwürfe ans Kreuz; dort sollen sie sterben.»

Verzeihen heisst jedoch nie, Unrecht oder Fehler einfach gutzuheissen oder unter den Teppich zu kehren. Unrecht bleibt Unrecht. Aber wir lassen uns nicht länger vom Unrecht anderer binden. Wir hören auf, nachzutragen. Wir entscheiden uns für einen neuen Weg.

Verzeihen heisst weiter: Jesus vertrauen, dass Er zerbrochene oder gestörte Beziehungen wieder zusammenfügen wird. Wir vertrauen darauf, dass Er uns zeigen wird, was wir dazu beitragen können.

Verzeihen geht noch einen Schritt weiter: Als Jesus gekreuzigt wird, bittet Er den Vater im Himmel: *«Vater, vergib ihnen, denn sie wissen nicht, was sie tun» (Lk 23,34).* Jesus bittet stellvertretend für Seine Peiniger den Vater um Vergebung ihrer Schuld. Auch Stephanus betete wie Jesus für seine Mörder: *«Herr, rechne ihnen diese Sünde nicht an!» (Apg 7,60).* So sind wir eingeladen nach diesen Beispielen für diejenigen zu beten, die an uns schuldig geworden sind. Damit «unsere Schuldiger» Heil und Vergebung erlangen, können wir auch unseren Schmerz, unsere Verletzung für das Heil dieser Menschen annehmen und tragen («aufopfern»).

Wem verzeihen?

Zu allererst sollten wir uns selbst verzeihen. Wie oft haben wir uns selber verletzt und haben Dinge getan, von denen wir genau

wussten, dass sie uns schaden. Sich selber zu verzeihen bedeutet: Ich entscheide mich, mich so anzunehmen, wie ich jetzt bin. Ich darf so sein, wie ich jetzt bin. Meine Vergangenheit darf so sein, wie sie gewesen ist. Ich lehne mich nicht mehr dagegen auf.

Verzeihen sollten wir auch unseren Mitmenschen: Vieles hat uns verletzt und wehgetan. Oftmals haben wir Unrecht erlitten und leiden jetzt noch an den Folgen. Das kann sehr schmerzlich und hart sein. Es kann ein langer Weg sein, bis wir von aller Bitternis frei geworden sind. Doch jetzt können wir uns für den Beginn dieses Weges und damit für die Versöhnung entscheiden.

Vielleicht müssen wir der Kirche, das heisst der Pfarrgemeinde, Rom, den Mitarbeitern und Mitarbeiterinnen in der Kirche verzeihen. Dass Menschen durch die Kirche verletzt wurden, zeigen Sätze wie: «Früher hat man uns in der Kirche ...». «Die Kirche, der Papst, ... sollte halt.» Alle Vorwürfe, alles «Sollte» und «Müsste» gilt es, aus der Hand zu geben und die schwierige Gegenwart anzunehmen. Verzeihen müssen wir der Gesellschaft, den Behörden, dem Staat, anderen Institutionen und vielem mehr für all das, wo wir uns ungerecht behandelt fühlten.

Vielleicht müssen wir «Gott» selbst verzeihen: Wir können vielfach nicht verstehen, dass Er manches so zugelassen hat. Das kann zu einer inneren Rebellion, zu Auflehnung und Zorn führen. Vielleicht sind wir deswegen auch von Gott weggegangen. Wir wollten nichts mehr oder nur noch mit Vorbehalten mit Ihm zu tun haben.

Verzeihen ist das Heilungsmedikament des Arztes Jesus. Das Medikament «einzunehmen» heisst, sich für den Weg der Versöhnung zu entscheiden. Der Weg kann lang sein. Er kann verschiedene Phasen der Aufarbeitung der Wunden und des Schmerzes beinhalten. Aber er beginnt immer mit der Entscheidung, Schritte der Versöhnung tun zu wollen. Es ist dies der einzige Weg, der wirklich heilt und Frieden bringt. Der einzige Weg, der von Grund auf Beziehungen wandelt und Situationen verändert.

Vielleicht stehen Sie erst am Beginn des Weges zur Versöhnung. Vielleicht möchten Sie irgendwann verzeihen können, aber Schmerz und Enttäuschung sind noch zu gross. Dann dürfen Sie einfach Ihren Schmerz, Ihre Enttäuschung und was Sie sonst noch belastet, Jesus hinhalten und dies in Ihren eigenen Worten aussprechen.

Liebe Leserin, lieber Leser

Wenn Sie nicht die Möglichkeit hatten an einer Versöhnungsfeier teilzunehmen, finden Sie im Teilnehmerheft auf den Seiten 82–83 Hinweise für eine persönliche Versöhnungsfeier. Eine weitere Möglichkeit wäre, sich mit einem Priester für ein Beichtgespräch in Verbindung zu setzen. Vielleicht ziehen Sie es vor, sich mit einer Seelsorgerin oder einem Seelsorger über Ihre Fragen auszusprechen und anschliessend gemeinsam um Vergebung zu bitten.

Wählen Sie den Weg, der Ihnen am ehesten entspricht. Wir möchten Sie aber in jedem Fall ermutigen, konkrete Schritte zu wagen und Ihre Fragen und Nöte nicht vor sich her zu schieben.

Aus der Versöhnung leben

Für Johannes ist das Kreuz Jesu die Quelle des neuen und wahren Lebens. *«Als Jesus von dem Essig genommen hatte, sprach er: Es ist vollbracht! Und er neigte das Haupt und gab seinen Geist auf» (Joh 19,30).* «Den Geist aufgeben» klingt nach Resignation. Doch wörtlich und richtiger heisst es: «Jesus übergab Seinen Geist.» Er schenkt Seinen Geist, Sein Leben. Der Geist, das Leben Jesu wird jetzt frei von der Gebundenheit an Seinen Körper. Der Geist Jesu kann sich nun in allen Menschen inkarnieren, Fleisch und Blut, Leben werden. Aus Seinem Geist werden wir befreit, neu zu leben.

Versöhnung leben heisst, aus dem Geist Jesu zu leben. Wenn wir Jesus alles gebracht und übergeben haben, dann ist Er jetzt dran. Er soll uns die nächsten Schritte zeigen. Er soll in allem unsere neue Mitte sein. Das bedeutet nicht mehr an unseren eigenen Meinungen und Vorstellungen festhalten, sondern auf Ihn zu hören und zu fragen: «Wie möchtest Du, Jesus, dass ich jetzt handle?» «Wie denkst Du, Jesus, über diese Situation?»

Euch, die ihr mir zuhört

Wenn Jesus zum Mittelpunkt unseres Lebens geworden ist, werden wir unser Leben aus einem anderen Blickwinkel betrachten – aus der Sicht Jesu und nach Seinem Wort handeln: *«Euch, die ihr mir zuhört, sage ich: Liebt eure Feinde; tut denen Gutes, die euch hassen. Segnet die, die euch verfluchen; betet für die, die euch misshandeln» (Lk 6,27–28).*

Dazu eine Erfahrung eines Freundes: Um mein Studium zu finanzieren, arbeitete ich jeweils abends auf dem Briefversand in einem städtischen Bahnhof. Eines Nachts, als ich mich um 24.00 Uhr zu meinem Fahrrad begab, begegneten mir zwei betrunkene Männer. Diese schlugen mich, um mir meinen Posthut abzunehmen, so, dass ich bewusstlos auf dem Trottoir liegen blieb.

Die von Passanten herbeigerufene Polizei nahm mich, nachdem ich einigermassen wieder bei Sinnen war, mit auf den Posten. Sie wünschten von mir eine Anzeige gegen diese beiden «Typen», die ihnen meiner Beschreibung nach sehr bekannt vorkamen. Die Polizei sagte mir, sie brauche meine Anzeige, damit sie diese für ein paar Tage ins Gefängnis stecken könnte. Ich sagte darauf, dass ich eine Bedenkzeit ausbedingen wolle.

In einer Gebetszeit am folgenden Tag kamen mir immer wieder die Worte Jesu in den Sinn: *'Liebet eure Feinde; tut Gutes denen, die euch hassen; segnet, die euch verfolgen; ...'* Die Argumente der Polizei, warum es gut wäre, diese beiden anzuzeigen, leuchteten meinem Verstand zwar ein, doch das Wort Gottes, die Worte Jesu bewegten mein Herz. Dies war auch nötig. Denn ich hatte innerlich eine grosse Wut auf die beiden. So begann ich sie zu segnen.

Eines Abends, ich hatte gerade meine Arbeitspause, lief einer dieser beiden «Typen» in der Bahnhofhalle an mir vorbei. Ich packte die Gelegenheit beim Schopf und sprach ihn an: «Kennst du mich noch?» Er erkannte mich nicht. Als ich ihm aber sagte, wer ich sei, dass der Hut, den er trage, mir gehöre, und dass er mich mit seinem Kollegen vor ein paar Tagen bis zur Bewusstlosigkeit zusammengeschlagen hatte, wusste er sehr wohl, wer ich war. Er fragte mich: «Und nun, zeigst du uns an?» Ich sagte: «Nein, ich will dich und deinen Kompagnon zu einem Spaghetti-Essen einladen.»

Zu meinem Erstaunen nahm er an. Pünktlich zurzeit erschienen die beiden bei mir in meiner Wohnung. Aus diesem Spaghetti-Essen entwickelte sich eine Freundschaft zwischen uns. Sie gingen von jenem Tag an bei mir ein und aus und schliefen hie und da auch bei mir. Eines Tages bekannte mir einer der Rocker, dass seine Freundin ein Kind erwarte, und dass sie es abtreiben wollten. Er fragte mich und meinen Bruder, von dem er wusste, dass er Arzt war, ob wir allenfalls bereit wären, diese Abtreibung vorzunehmen.

Ich bat ihn, zuerst mit seiner Freundin zu mir zu einem Gespräch zu kommen. Dank Bildern, die ich von «Ja zum Leben» kommen liess, ging den beiden auf, dass das, was sie abtreiben wollten, nicht einfach eine embryonale «Masse» war. Der Rocker sagte: «Gottfriedstutz nochmal, das ist ja schon ein richtiges Kind in diesem Stadium!» Das Gespräch bewirkte auf jeden Fall, dass sie das Kind nicht abtrieben. Die Freundin gestand mir später, wie glücklich sie sei, dass sich all ihre Ängste und Sorgen (negative Reaktion der Eltern, dass sie die Lehre nicht fertigmachen könne, finanzielle Sorgen, ...) über ihr Kind als völlig überflüssig herausgestellt hätten. Nicht nur hätten die Eltern total positiv reagiert, sondern auch die Verantwortlichen für die Lehrstelle hätten ihr ermöglicht, dass sie sogar das Kind stillen könne.

Als mir diese junge Mutter von ihrem Glück berichtete, wurde mir bewusst, wie sehr es stimmt, dass die Worte Jesu Geist und Leben bringen: «Segnet, die euch zusammenschlagen.»

«Euch, die ihr mir zuhört, sage ich ...» Dieser Freund hörte auf die Stimme Jesu in seinem Herzen. Das ist es: Dieser Stimme das Ohr zu schenken und ihr zu folgen. Diese Stimme der Liebe kann auch mal zum Widerstand aufrufen, zur harten und erzieherischen Liebe. Auch dann aber wird der Segen, die Gnade Gottes durch unser Verhalten fliessen.

Liebe Leserin, lieber Leser

Nach der Versöhnungsfeier geht es darum, aus der Versöhnung heraus Ihren Alltag zu gestalten. Dazu will Ihnen das Teilnehmerheft wiederum eine Hilfe sein.

6. Die Dynamik des Anfangs – «Was dich begeistern wird!»

Die Versöhnung hat nicht nur zum Ziel, frei zu werden von Vergangenheitslasten, um leichter weiterleben zu können. Versöhnung will tiefer greifen. Versöhnung will unser Leben wandeln. Dazu gibt uns Jesus vom Kreuz her Seinen Geist.

Der Geist Jesu zeigte sich in Seinen inneren Haltungen, in der Art und Weise, wie Er lebte, wie Er mit Menschen und mit Gott umging. Wir können sagen: Der Geist Jesu war Seine Freude an Gott, Sein totales Vertrauen in Seinen Vater und die Entschiedenheit, in allem Seinen Willen zu tun. Der Geist Jesu war Seine Kraft zur Liebe, Seine Geradlinigkeit und Sein Mut, Sein Mitgefühl für die Menschen, der Wille und die Kraft, bedingungslos zu vergeben. Diesen Geist schenkt uns Jesus.

Der Heilige Geist ist die dritte göttliche Person

Dieser Geist Jesu ist mehr als eine göttliche Energie. Er ist ein Du, eine Person. Er ist die dritte Person der Heiligen Dreifaltigkeit. Wir bekennen den Heiligen Geist als dritte Person beim Kreuzzeichen: *«Im Namen des Vaters und des Sohnes und des Heiligen Geistes. Amen.»*

Vater, Sohn und Heiliger Geist, alle drei Personen sind gleichwertig und schenken einander alles. Sie leben die Fülle des Austausches, des Gebens und Empfangens. In Gott strömt so die Liebe in einem beständigen Fluss von Empfangen und Geben.

Doch da der Heilige Geist in anderer Weise «Person» ist als der Vater und der Sohn, haben wir oft Mühe, uns eine Vorstellung von Ihm zu machen. Gott als Vater oder als Mutter können wir uns noch irgendwie vorstellen, auch Jesus Christus, der als Mensch unter uns gelebt hat. Doch der Heilige Geist als Person? Das ist schwieriger.

Vielleicht hilft Folgendes: Der Heilige Geist ist die Person, die verbindet. Er verbindet Vater und Sohn miteinander. Er ist die Liebe zwischen Vater und Sohn. Er verbindet uns Menschen mit Gott. Er verbindet uns Menschen untereinander. Er verbindet uns mit der Schöpfung.

Auf unserem Bild ist der Heilige Geist als junge Person, wohl als Frau dargestellt. Das hebräische Wort für «Geist» heisst «ruah» und ist weiblich. Dies deutet darauf hin, dass der Geist die weibliche Seite Gottes, die Sanftheit, die Zärtlichkeit, den Charme Gottes zum Ausdruck bringt.

Wirkungen des Heiligen Geistes

Nun betrachten wir einige Wortbedeutungen, Bilder und Symbole die zeigen, wie der Heilige Geist wirkt. Dabei ist wichtig, dass wir nicht an den Bildern hängen bleiben, sondern zu verstehen suchen, was hier über den Heiligen Geist und unser Leben mit Ihm ausgesagt wird.

Ruach

Das Wort «ruach» hat zwei Bedeutungsfelder: «Ruah» bedeutet einerseits: Wind, Hauch, Lebensatem. Der Geist Gottes ist wie der

Wind nicht fassbar. Wir haben Ihn nicht im Griff. Wir können Ihn nicht festhalten. Wir können uns nur von Ihm bewegen und in die Richtung, in die Er bläst, mitnehmen lassen.

Die Bedeutung «Hauch» weist auf Sanftheit hin. So wie ein Hauch ganz zart einen Menschen berührt, so lässt der Heilige Geist manches Mal eine Erkenntnis, eine Inspiration ganz sanft in uns aufsteigen. Wir merken auf einmal – und sind manchmal selber davon überrascht – dass ein tief inneres Licht, eine Klarheit, ein: «Das wäre es» in uns da ist.

«Ruah» bedeutet auch Lebensatem. Er ist es, der uns am Leben erhält und der unsere Lebendigkeit ausmacht. Es ist auch dieser Lebensatem, der uns von einem toten Menschen unterscheidet.

Weiterhin bedeutet «ruah» auch: Klima, Atmosphäre. Die Atmosphäre eines Ortes und einer Gemeinschaft können wir spüren. Schnell zeigt sich der «Geist», der in einer Gruppe weht. In Gruppen kann sich ein Geist ausbreiten, der überall etwas zu kritisieren hat, der Angst, Resignation und Verschlossenheit verbreitet. Ein solches Klima weist auf das Fehlen des Geistes Gottes hin.

Die Atmosphäre einer Gruppe kann aber auch geprägt sein von Kraft, Freude, Ehrlichkeit, der Liebe, dem Mut und der Achtung vor den Mitmenschen. In ihr kann man einen Geist der Hoffnung und des Wohlwollens spüren. Dies sind Anzeichen für das Wirken des Heiligen Geistes.

Diese verschiedenen Arten von Klima finden wir aber nicht nur in einer Gruppe, wir können sie in uns selber wahrnehmen. Ist Friede in uns da? Sind wir von Freude, Hoffnung und Kraft beseelt? Oder sind wir umhergetrieben von Sorgen, Plänen, Ängsten, Bitterkeit und Groll?

Taube

Ein bekanntes Symbol für den Heiligen Geist ist das Bild der Taube. Dieses Bild hat verschiedene Bedeutungen: Die Taube ist ein Zeichen der zärtlichen Liebe, der Beziehung von Herz zu Herz.

Die Taube als Friedenstaube weist auf den inneren Frieden hin, den der Heilige Geist schenken will. Wir kennen die Taube auch als Brieftaube. Sie möchte göttliche Botschaften, göttliche Inspiration überbringen. Weiter ist die Taube Ausdruck von etwas Sanftem, das unverhofft bei uns ist, das sich aber auch «vertreiben» lässt.

Dynamis

In Texten des Neuen Testaments wird für «Geist» oft das griechische Wort «dynamis» verwendet. In unserer Sprache kennen wir verschiedene Worte, die ihren Ursprung im Wort «dynamis» haben. So zum Beispiel Dynamit, Dynamo, dynamisch. Alle diese Wörter haben mit Energie zu tun.

«Dynamit» ist eine gewaltige Kraftladung. Das zeigt: der Heilige Geist kann kraftvoll menschliche Mauern und Felsen sprengen.

Beim «Dynamo» beim Fahrrad wird beispielsweise Bewegung in Licht verwandelt. Das heisst: Unsere natürlichen Triebenergien können durch den Heiligen Geist verwandelt werden. So kann z. B. die Energie des Zornes in eine grosse Heil bringende Schaffenskraft umgewandelt werden.

«Dynamisch» meint kraftvoll und zugleich elegant. Wer möchte nicht eine dynamische Frau, ein dynamischer Mann sein?

«Dynamis» hat mit Krafterweis, Bewegung, Fähigkeit, … zu tun. Diese dynamische Kraft des Geistes Gottes zeigt sich in den Machttaten Jesu: in Heilungen, Austreibungen des Bösen, in Wundern, usw. Da wirkten die Kraft und die Dynamik dieses Geistes durch Ihn.

Der Paraklet: Beistand, Helfer

Jesus nennt in den Abschiedsreden des Johannes-Evangeliums den Heiligen Geist «Paraklet», das heisst der Herbeigerufene, der Fürsprecher, der Verteidiger, der Helfer, der Tröster, der Lehrer. Gottes Heiliger Geist als Paraklet bedeutet, dass uns in allen Fragen, Problemen und Schwierigkeiten jemand zur Seite steht. Er kann und will uns helfen. Er zeigt uns Schritt für Schritt den Weg. Er stärkt und tröstet uns.

Als Jesus über den Heiligen Geist als dem Helfer sprach, sagte Er überraschend: *«Es ist gut für euch, dass ich fortgehe. Denn wenn ich nicht fortgehe, wird der Beistand nicht zu euch kommen» (Joh 16,7a).*

«Der Beistand aber, der Heilige Geist, den der Vater in meinem Namen senden wird, der wird euch alles lehren und euch an alles erinnern, was ich euch gesagt habe» (Joh 14,26). Und: *«Ich werde euch nicht als Waisen zurücklassen, sondern ich komme wieder zu euch» (Joh 14,18).*

Dieses neue Kommen Jesu zu uns geschieht im Heiligen Geist. In

Ihm ist Jesus immer bei uns, ja in uns. Dieses Mit-uns-Sein ermöglicht eine viel grössere Nähe, als wenn wir Jesus in leiblicher Gestalt unter uns hätten und Ihn vielleicht nur dann und wann sehen könnten.

Erfüllt werden mit dem Heiligen Geist

Dieses neue Kommen Jesu beginnt bei Seinem Sterben am Kreuz wo es heisst, dass Er den «Geist aushauchte» (herausgab). Seit jener Stunde ist der Heilige Geist, der Geist Jesu nicht mehr an Seinen irdischen Leib «gebunden». Dieser Geist wurde an Pfingsten in neuer Weise allen geschenkt, die sich nach Ihm ausstreckten.

Das Erfülltwerden mit dem Heiligen Geist ist ein wesentlicher Aspekt der Sendung Jesu, worauf bereits Johannes der Täufer hingewiesen hat: *«Ich taufe euch nur mit Wasser (zum Zeichen der Umkehr) ... Er* (Jesus) *wird euch mit Heiligem Geist und mit Feuer taufen» (Mt 3,11).*

Jesus ergänzte: *«Ich bin gekommen, um Feuer auf die Erde zu werfen. Wie froh wäre ich, es würde schon brennen» (Lk 12,49).* Wer Feuer in sich trägt, kann andere entzünden, begeistern. Jesus möchte entzünden, begeistern. Jesus möchte, dass wir Menschen mit Feuer, mit Begeisterung, mit Wärme erfüllt werden. Damit dies geschehen kann, möchte Jesus uns «mit Feuer taufen». Sein Anliegen ist, dass die Dynamik des Heiligen Geistes uns ergreift.

Die Dynamik von Pfingsten

Dies geschah damals an Pfingsten. Mit dem Empfang des Heiligen Geistes an Pfingsten begann in den Aposteln, in den Jüngerinnen und Jüngern dieses Feuer Jesu zu brennen. Während der drei Jahre, in denen sie Jesus begleiteten, hatten sie viel gesehen, gehört und erlebt. Dennoch trugen sie noch viele Unsicherheiten, Zweifel und Fragen in sich.

Erst an Pfingsten ist in ihnen der entscheidende Durchbruch geschehen. Da wurden sie vom Feuer Jesu ergriffen. Da erhielt ihr Leben eine neue Dynamik: *«Als der Pfingsttag gekommen war, befanden sich alle am gleichen Ort. Da kam plötzlich vom Himmel her ein Brausen, wie wenn ein heftiger Sturm daherfährt, und erfüllte das ganze Haus, in dem sie waren. Und es erschienen ihnen Zungen wie von Feuer, die sich verteilten; auf jeden von ihnen ließ sich eine nieder» (Apg 2,1–3). «Zungen wie von Feuer»*, das heisst, den Jüngern wurde ein neues Reden geschenkt. Menschen, die bisher kaum wagten, den Mund aufzutun, verlieren ihre Scheu. Sie reden.

«Alle wurden mit dem Heiligen Geist erfüllt und begannen, in fremden Sprachen zu reden, wie es der Geist ihnen eingab» (Apg 2,4). Sie reden in fremden Sprachen. Sie tun also etwas, was sie aus sich nicht können. Sie lassen etwas an sich und durch sich geschehen. Die Angst, sich zu blamieren, liessen sie los. Es – der Heilige Geist – redete aus ihnen.

Die Folge davon war, dass die Menschen aus verschiedensten Ländern sie verstehen konnten. Das zeigt: Der Heilige Geist bewirkt trotz Sprachschwierigkeiten ein Verstehen von Herz zu Herz. Manchmal ist es bei uns umgekehrt. Obwohl wir die gleiche Sprache sprechen, reden wir aneinander vorbei.

Die Menschen aus den vielen Völkern waren betroffen, als sie die Jüngerinnen und Jünger reden hörten. Sie sagten: *«Wir hören sie in unseren Sprachen Gottes grosse Taten verkünden» (Apg 2,11). «Gottes grosse Taten»* – die Jüngerinnen und Jünger, die den Heiligen Geist empfangen haben, loben Gott. Sie freuen sich an Ihm und über Ihn aus ganzem Herzen. Die riesige, um das Haus versammelte Schar sieht dieses Glück. Sie spürt die Freude dieser kleinen Schar an Gott. Was sie hier erleben, können sie nicht in ihre bisherigen Erfahrungen und Denkmuster einordnen. *«Alle gerieten ausser sich und waren ratlos» (Apg 2,12).*

Wenn der Heilige Geist erfahrbar wird, muss Stellung bezogen werden. Einige sind offen und fragen: *«Was hat das zu bedeuten?»* Andere verschliessen sich und spotten: *«Sie sind vom süssen Wein betrunken» (Apg 2,13).*

In diese so spannungsgeladene und widersprüchliche Situation *«trat Petrus auf, zusammen mit den Elf; er erhob seine Stimme und begann zu reden: Ihr Juden und alle Bewohner von Jerusalem! Dies sollt ihr wissen, achtet auf meine Worte!» (Apg 2,14).* Dieser Petrus, der Jesus vor einer Magd bitter verleugnet hat, der voll Angst vor den Menschen war, ist verwandelt. Erfüllt vom Heiligen Geist hat er alle Angst verloren. Unvorbereitet steht er vor Tausende von Menschen hin und beginnt laut zu predigen. Er sagt einfach mutig und frei, was ihm der Geist innerlich eingibt.

Und was sagt er? *«Diese Männer sind nicht betrunken, wie ihr meint; es ist ja erst die dritte Stunde am Morgen; sondern jetzt ge-*

schieht, was durch den Propheten Joël gesagt worden ist: In den letzten Tagen wird es geschehen, so spricht Gott: Ich werde von meinem Geist ausgießen über alles Fleisch. Eure Söhne und eure Töchter werden Propheten sein, eure jungen Männer werden Visionen haben, und eure Alten werden Träume haben. Auch über meine Knechte und Mägde werde ich von meinem Geist ausgießen in jenen Tagen, und sie werden Propheten sein» (Apg 2,15–18).

Petrus verkündet, dass die Verheissung des Propheten Joël, die er 400 Jahre früher ausgesprochen hatte, jetzt in Erfüllung gegangen ist. Petrus kündet die neue Zeit an, in welcher der Geist Gottes ausnahmslos allen Menschen, die sich nach Ihm ausstrecken, geschenkt wird.

Zeitalter des Heiligen Geistes

Mit dem Pfingstereignis ist ein neues Zeitalter angebrochen. Es ist die Zeit, in welcher der Heilige Geist in neuer Weise in der Welt wirkt. Die Erfahrung des Heiligen Geistes war für die Jüngerinnen und Jünger so einschneidend, dass sie künftig darauf achteten, dass die Christen diesen Geist auch empfingen: *«Als die Apostel in Jerusalem hörten, dass Samarien das Wort Gottes angenommen hatte, schickten sie Petrus und Johannes dorthin. Diese zogen hinab und beteten für sie, sie möchten den Heiligen Geist empfangen. Denn er war noch auf keinen von ihnen herabgekommen; sie waren nur auf den Namen Jesu, des Herrn, getauft. Dann legten sie ihnen die Hände auf, und sie empfingen den Heiligen Geist» (Apg 8,14–16).*

Sie wurden mit dem Heiligen Geist getauft und mit dem Feuer Jesu erfüllt. Dadurch veränderte sich etwas Wesentliches in ihnen. Der Heilige Geist ermöglichte und schenkte ihnen eine neue Dimension des Lebens. Sie begannen, mit «neuen» Augen zu sehen und mit «neuen» Ohren zu hören.

Der Heilige Geist wirkt heute

Theresa Herzog erzählt: «Rückblickend weiss ich, dass ich mehrmals in meinem Leben eine Heilig-Geist-Erfahrung habe machen dürfen, auch wenn sie mir damals nicht als solche bewusst waren. Es waren Erfahrungen der Liebe und Nähe Gottes, die so intensiv waren, dass sie in meinem Gedächtnis ganz genau haften geblieben sind. Ganz bewusst habe ich jedoch die Taufe im Heiligen Geist erfahren, ein Ereignis, das mir fast blind ‚zugefallen' ist. An dem Ort, wo ich früher wohnte, wirkte ein junger Diakon aus Afrika. Seine Studien- und Praktikumszeit war abgelaufen und er musste nach Afrika zurückreisen, wo er zum Priester geweiht werden sollte. Die Pfarrei stellte eine Delegation von Pfarreiangehörigen zusammen, die ihn in seine Heimat zum grossen Fest begleiten sollte. Auch ich wurde gefragt, ob ich mitreisen wolle. Meine erste Reaktion war: Nein! Was soll ich in Afrika! Ich habe dort nichts verloren. Die Frage beschäftigte mich jedoch weiter, und nach einiger Zeit sagte ich zu, mitzureisen.

Als nach zwei Monaten der Reisetermin da war, hatten sich alle anderen wieder abgemeldet, und ich war schlussendlich die einzige Delegierte, die nach Afrika flog. Die Feierlichkeiten und die Lebendigkeit des Glaubens der Menschen dort beeindruckten mich sehr. Die Reise fiel für mich in eine Zeit, in der ich mich intensiv mit meinem Glauben beschäftigte und nicht genug Nahrung bekommen konnte. Der junge Priester hatte an seinem Heimatort eine Gebetsgruppe, die mich sofort interessierte. Diese war gerade dabei, junge Menschen auf die Taufe im Heiligen Geist vorzubereiten. Sie luden mich ebenfalls dazu ein. Ich sagte zu, obwohl ich keine Ahnung hatte, was damit gemeint war.

Am Ende meines einmonatigen Aufenthaltes durfte ich dann die «Taufe im Heiligen Geist» empfangen. Die afrikanische Gebetsgruppe betete für mich. Der Priester legte mir die Hände auf, und ich wurde gefragt, ob ich Jesus Christus als den alleinigen Meister meines Lebens anerkenne. Auf mein «JA!» jubelten alle um mich herum. Ich nahm mich in einem grossen Licht wahr und empfand eine intensive innere Freude. Es wurde mir auch gesagt, dass ich einen Auftrag hätte für die Kirche Christi, ohne dass dieser näher umschrieben wurde.

Erst allmählich und schrittweise habe ich nach meiner Heimkehr realisiert, wie bedeutsam diese Erfahrung, in die ich ahnungslos hineingeführt worden war, für mein Leben ist. Ich habe nach meiner Rückkehr mit einer theologischen Ausbildung begonnen und dabei den Heiligen Geist bewusst als DEN wahrgenommen, der mir Glaubensinhalte erschliesst, der mich lehrt. Ich habe damals angefangen, mit und aus dem Heiligen Geist zu leben.»

Dynamik nach innen – Heilung und Heiligung

Der Heilige Geist will nach innen und durch uns nach aussen wirken. Nach innen: Er wird uns zu unserem Heil gegeben. Die Theologie nennt die Wirkung nach innen Taufgnade oder heiligmachende Gnade. Der Heilige Geist will uns heil, gut und schön machen.

Jesus sagt: *«... ihr werdet meine Zeugen sein» (Apg 1,8). «Ihr werdet»* meint: Der Heilige Geist wird uns neu befähigen. Der Heilige Geist wird uns zu einer neuen Liebe zu unserem Partner, zu einer neuen Liebe zu unseren Kindern befähigen. Er wird uns zu mehr Geduld befähigen. Der Heilige Geist schenkt uns ein neues, tieferes Empfinden für die Fragen und Leiden der Menschen. Er macht uns empfindsam. Er öffnet uns auch für die Schönheit und Leiden der Schöpfung. Er lässt uns den Wert und die Würde unseres Menschseins erkennen.

Der Heilige Geist befreit uns von der Angst vor den anderen. Er schenkt uns die Kraft, mehr zu uns und zu unseren Gefühlen zu stehen. Der Heilige Geist lockert, löst die Zunge, so dass wir das frei und mutig zu sagen wagen, was wir auf dem Herzen haben. Der Heilige Geist schenkt uns eine neue Freude am Glauben und an der Kirche. Der Heilige Geist bewirkt Freude am Beten, Freude an der Bibel und Freude am Loben Gottes. Der Heilige Geist kann uns Frieden mitten in Konflikten und Spannungen, Trost und Kraft mitten im Leiden geben.

Wo ein Mensch so vom Geist Gottes erfüllt wird, da wird ein Stück Himmel im Herzen des betreffenden Menschen Wirklichkeit. Es ist einfach herrlich zu erleben, wie man über seine Grenzen und über seinen Schatten hinausgeführt wird. Es ist schön zu spüren, wie Wunden geheilt und Beziehungen neu werden, wie man langsam ein neuer Mensch wird. Das braucht seine Zeit, aber es funktioniert!

Heilung und Erlösung sind auf einmal keine Theorien mehr, an die man halt glauben muss, sondern beglückende Erfahrung. Sie sind, wie Paulus sagt, ein erster Vorgeschmack des Kommenden, *«der erste Anteil des Erbes, das wir erhalten sollen» (Eph 1,14).* Die Erfahrung des Geistes ist der erste Anteil am verheissenen Heil, eine erste Kostprobe dessen, was Erlösung ist *(vgl. 2 Kor 1,22).*

Die Frucht des Geistes

Paulus hat diese Kostprobe persönlich erlebt. Er sah auch, wie andere Menschen durch den Heiligen Geist bleibend verändert wurden. Um das zu beschreiben, verwendete er das Bild vom Reifen der Früchte. Wie eine Frucht langsam heranreift, so wächst in einem Menschen, der sich vom Heiligen Geist leiten lässt, Neues heran: *«Die Frucht des Geistes aber ist Liebe, Freude, Friede, Langmut, Freundlichkeit, Güte, Treue, Sanftmut und Selbstbeherrschung» (Gal 5,22-23a).* Schauen wir diese einzelnen Früchte genauer an.

Bei der Frucht der *Liebe* merken wir, dass ohne unsere willentliche Anstrengung, uns immer weniger Menschen unsympathisch sind. Mitgefühl zu allen wächst. Bei der Frucht der *Freude* hängt unsere Freude nicht mehr von den Lebensereignissen und Umständen ab. Sie ist einer Quelle in uns vergleichbar, die durch schmerzliche Erfahrung wohl getrübt wird, jedoch nicht zum Versiegen gebracht werden kann. Ähnliches gilt von der Frucht des *Friedens.* Sie schenkt eine innere Geborgenheit, ein tiefes Gehaltensein auch mitten in Lebensstürmen. Der Friede ist und bleibt da, komme, was kommen mag.

Langmut kann bereits vom Wort her aufzeigen, worum es geht: Lange den Mut nicht verlieren. Das hilft, unter unabänderlichen Lasten zu bleiben und sie zu tragen. Langmut nährt sich vom festen Vertrauen, dass Gott alles in der Hand hat und darum zuletzt alles gut ausgehen wird. In der Frucht der *Freundlichkeit* wächst echtes Freundsein zu allen Menschen, allen Gruppen, allen Völkern und zur ganzen Schöpfung heran. Hier führt die Frucht der *Güte*, als Wohlwollen allen gegenüber, weiter. Das Herz kennt keinen Neid und keine Missgunst mehr. Es sehnt sich danach, dass es allen gut geht.

Die Frucht der *Treue* hilft uns, den als richtig erkannten Weg auch dann weiter zu gehen, wenn wir darin bedrängt werden. Die Frucht der Treue bewirkt Geradlinigkeit und Festigkeit. Durch die Frucht des *Sanftmutes* können wir loslassen. Wir können auf Druck verzichten, weil wir von innen her wissen: Gottes Mühlen mahlen langsam aber sicher. Er wird letztlich seine Heilswege durchsetzen. Folglich müssen wir nicht mit Druck nachhelfen wollen.

Manchmal werden wir umhergetrieben von verschiedensten Stimmungen, Launen, Gefühlen, Sehnsüchten, Spannungen und Leidenschaften. In der Frucht der *Selbstbeherrschung* meldet sich von innen her eine Kraft, die all dies in uns eint. Die Gefühlskräfte werden nach und nach in unsere Persönlichkeit integriert.

Dynamik nach aussen – unsere Sendung leben

Der Heilige Geist will uns nicht nur heilen und gut tun. Er will uns in den Dienst nehmen. Er will uns senden. Der Dienst, die Sendung zeigt, dass Gott etwas mit uns vorhat. Er hat eine Vision, ein grosses Ziel für unser Leben bereit. Das gibt unserem Leben einen grossen Sinn. Gerade da, wo wir aufhören, um uns selber zu kreisen, da, wo wir uns senden und in Dienst nehmen lassen, werden wir in tieferer Weise Heilung erfahren.

Wenn wir Ja sagen zu unserer Sendung, erhalten wir dazu den Heiligen Geist. Gott selber befähigt uns und rüstet uns aus. *«Der Geist des Herrn ruht auf mir, denn der Herr hat mich gesalbt» (Lk 4,18).* So wie Jesus vom Heiligen Geist beständig genährt wurde mit Inspirationen, Kraft und vielfältigen Hilfen, so ruht auch auf uns der Heilige Geist. Er will uns mit allem Nötigen versorgen für unsere

Sendung. Zu diesem Nötigen gehören Menschen, die uns leiten, ermutigen und wo es nötig ist auch korrigieren. Dazu gehören vielfältige Gaben und Hilfen. So will Er für jede Situation angepasste Hilfe geben. Für jede Lebenssituation und jeden Dienst hat Er die dazu hilfreichen Gaben bereit.

Welche Aufgaben Sie auch haben; ob Sie in Ehe, Familie, allein oder in einer Gemeinschaft leben, ob Sie in Politik, Wirtschaft, Erziehung oder in der Kirche tätig sind, Gott will Ihnen für jede Ihrer Aufgaben und Dienste Seinen Geist und Seine Gaben geben.

Die Gaben zum Dienst annehmen

Nicht im Voraus, aber jeweils im notwendigen Moment, will uns der Heilige Geist Seine Hilfen zukommen lassen. Eine andere Frage ist, ob wir diese Hilfen annehmen und darum bitten.

Dazu eine Geschichte: Eine Katholikin kam in den Himmel. Petrus empfing sie voll Freude. Er führte sie zu ihrem himmlischen Zimmer und sagte: «Geh hinein und freue dich.» Die Frau wollte die Tür, die nach innen aufging, öffnen. Aber die Tür öffnete sich nur ein wenig, einen Spalt breit. «Was ist da los?», fragte sie Petrus. Petrus schaut hinein und greift sich mit beiden Händen an den Kopf: «Oh je – hinter der Türe sind viele Pakete. Mein Meister Jesus wollte sie dir schicken. In den Paketen sind die Gaben, die er dir schenken wollte: Gute Gedanken, Eingebungen, Wirkkräfte und vieles mehr. Damit wollte er dir helfen, deine Aufgaben besser und mit viel Freude zu erfüllen. Aber alle Pakete sind wieder zurückgekommen mit verschiedenen Bemerkungen: Empfängerin will es lieber selber machen. Empfängerin ist im Moment zu sehr mit sich selber beschäftigt und nicht ansprechbar. Empfängerin hat kein Interesse am Paket. So sind sie alle unverrichteter Dinge zurückgekommen. Nun stapeln sie sich hinter deiner Himmelstür. Doch hier nützen sie nichts mehr. Sie sind nur im Weg!»

Gott will Gaben, – Gedanken, Inspirationen, Erleuchtungen, Krafterweise, Hilfen usw. – geben, um andern besser helfen zu können. Diese Gaben anzunehmen ist darum eine Frage der Liebe, konkret der Nächstenliebe. Denn durch sie erfahren die Andern mehr Heil. Die zentralste aller Gaben ist die Liebe. Liebe heisst: Sich in die Situation des Anderen einfühlen, den anderen annehmen, verstehen und ihm zum Leben verhelfen.

Paulus sagt: *«Jagt der Liebe nach! Strebt aber auch nach den Geistesgaben» (1 Kor 14,1)*, denn Geistesgaben nützen den Andern. *«Jedem aber wird die Offenbarung des Geistes geschenkt, damit sie anderen nützt. Dem einen wird vom Geist die Gabe geschenkt, Weisheit mitzuteilen, dem andern durch den gleichen Geist die Gabe, Erkenntnis zu vermitteln, dem dritten im gleichen Geist Glaubenskraft, einem andern – immer in dem einen Geist – die Gabe, Krankheiten zu heilen, einem andern Wunderkräfte, einem andern prophetisches Reden, einem andern die Fähigkeit, die Geister zu unterscheiden, wieder einem andern verschiedene Arten von Zungenrede, einem andern schließlich die Gabe, sie zu deuten. Das alles bewirkt ein und derselbe Geist; einem jeden teilt er seine besondere Gabe zu, wie er will» (1Kor 12,7–11).*

«Einem jeden teilt er seine besondere Gabe zu», wie sie die jeweilige Person für ihre Sendung braucht. Denn in den vielfältigen Gaben und Charismen will sich Gottes Liebe verströmen.

Den Heiligen Geist neu empfangen

Vielleicht ist in Ihnen im Verlauf des Lesens die Sehnsucht gewachsen, den Heiligen Geist neu zu empfangen und in vertiefter Weise aus Ihm und mit Ihm zu leben? Wenn Sie diese Sehnsucht in sich tragen, stellt sich die Frage: Wie kann das geschehen?

Sich auf den Heiligen Geist einlassen

Wir können mehr in die Dynamik des Heiligen Geistes hineinfinden, wenn wir uns auf Ihn einlassen. Im Einlassen offenbart sich der Heilige Geist. An Pfingsten wirkte der Heilige Geist durch die Jünger, doch den ersten Schritt mussten sie selbst tun! Sie mussten ihren Mund selber öffnen und Gottes Geist wirkte durch sie.

Das gilt auch heute für uns. Sie wagen ein Glaubensgespräch zu führen, einen Gedanken, eine Wahrnehmung trotz einem Angstgefühl im Herzen mitzuteilen. Sie wagen einen Dienst zu übernehmen, eine Gruppe zu leiten, zu beten, etwas zu organisieren, sich vor Andere hinzustellen. Sie wagen es und Sie werden erfahren, wie die Salbung des Geistes im Tun lebendig wird.

Doch wie können wir den Heiligen Geist «hören»? Der Heilige Geist «spricht» in ganz unterschiedlicher Weise zu jedem von uns. Gottes Geist kann durch unsere Sinne zu uns sprechen. Wir sehen mit unseren Augen etwas, z.B. eine Schönheit der Natur, die in uns Dank und Freude auslöst. Vielleicht ein tragisches Bild in den Medien, das uns zum Handeln anregt. Vielleicht nehmen wir durch unsere Ohren, unseren Geruch, unsere Gefühle oder unseren Geschmack etwas wahr. Diese Wahrnehmungen können wie Türen sein, durch die der Heilige Geist uns anspricht. Aber auch durch die innere Stimme, die Intuition, den Sechsten Sinn, kann Er uns auf etwas aufmerksam machen.

Aber häufig sind wir mit uns und unserem eigenen «Programm» so sehr beschäftigt, dass wir Sein Reden überhören oder die Wahrnehmung ignorieren. Dazu als Beispiel das Gleichnis vom barmherzigen Samariter. Jesus erzählt: *«Ein Mann ging von Jerusalem nach Jericho hinab und wurde von Räubern überfallen. Sie plünderten ihn aus und schlugen ihn nieder; dann gingen sie weg und liessen ihn halbtot liegen.*

Zufällig kam ein Priester denselben Weg herab; er sah ihn und ging weiter. Auch ein Levit kam zu der Stelle; er sah ihn und ging weiter. Dann kam ein Mann aus Samarien, der auf der Reise war. Als er ihn sah, hatte er Mitleid, ging zu ihm hin, goss Öl und Wein auf seine Wunden und verband sie. Dann hob er ihn auf sein Reittier, brachte ihn zu einer Herberge und sorgte für ihn.

Am andern Morgen holte er zwei Denare hervor, gab sie dem Wirt und sagte: Sorge für ihn, und wenn du mehr für ihn brauchst, werde ich es dir bezahlen, wenn ich wiederkomme» (Lk 10, 30–35).

Ein Mensch fiel unter die Räuber. Der Heilige Geist versuchte, drei Personen durch die Augen und das Mitgefühl anzusprechen. Die ersten beiden potenziellen Helfer waren Religiöse, die nicht bereit waren, ihr Programm zu unterbrechen. Situationen, in denen Hilfe gefragt ist, kommen oft unerwartet und können nicht vorprogrammiert werden.

Der eigentliche Helfer war ein Ausländer, jemand, der von den Juden nicht als «rechtgläubig» angesehen wurde. Er aber liess den Impuls des Heiligen Geistes in sein Herz einfliessen. Er hatte Mitleid mit dem Verwundeten. Er war bereit, sein Programm zu unterbrechen und ging zum Verwundeten.

Seine Hilfe bestand darin, dass er seine zur Verfügung stehenden Gaben einsetzte. Er benutzte Öl und Binden als Erste Hilfe und seinen Esel als «Krankenwagen». Darüber hinaus war er bereit, etwas von seinem Geld für die Genesung des Verwundeten auszugeben. Er übergab ihn zur weiteren Pflege an eine andere Person und setzte dann seinen Weg, sein Programm fort. Er hat getan, was er konnte, aber er hat auch nicht mehr gemacht, als in seinen Möglichkeiten stand.

Diese Erzählung zeigt das Zusammenspiel von Wirken des Heiligen Geistes und menschlichem Handeln. Der Geist Gottes macht den Mann aus Samarien, den Samaritaner – wie vorher auch die anderen beiden Personen – auf die Notsituation aufmerksam. Der Angesprochene hat die Wahl, auf diesen Anruf zu reagieren oder ihn zu überhören.

Gottes Geist lädt immer zur Zusammenarbeit ein, und oft braucht es Überwindung, Seinen Impulsen zu folgen. Dort aber, wo wir uns einlassen und Ihm folgen, kann er uns Schritt für Schritt weiterführen. Dann werden wir überrascht von Seiner Führung und Seinem Wirken sein. Das macht Freude!

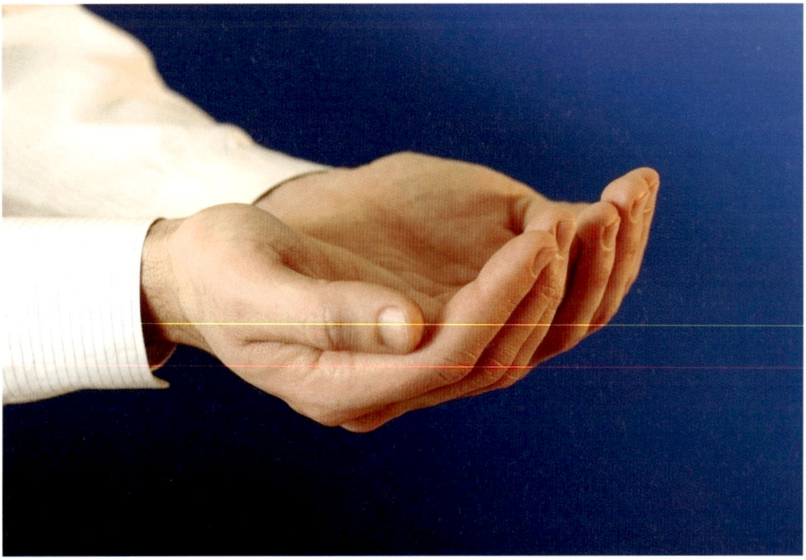

Bittet unaufhörlich und glaubt!

Jesus hat die Jünger gelehrt, wie sie den Heiligen Geist empfangen können. Er hat zu ihnen gesagt: *«Wartet auf die Verheissung des Vaters ...» Apg 1,4). «Bleibt in der Stadt, bis ihr mit der Kraft aus der Höhe erfüllt werdet» (Lk 24,49).* Bleiben und warten sagt Jesus. Doch damit tun wir uns schwer. Wir tun lieber etwas für Gott. Wir haben lieber einen vollen Terminkalender, als dass wir still dasitzen und warten möchten. Doch der Heilige Geist wird denen geschenkt, die ihre Zeit – zumindest einen Teil davon – für etwas verwenden, das in unserer produktionsorientierten Gesellschaft als reine Zeitverschwendung angesehen wird: Beten.

Jesus sagt: *«Bittet, dann wird euch gegeben; sucht, dann werdet ihr finden; klopft an, dann wird euch geöffnet» (Lk 11,9). «Bittet – sucht – klopft an»* und lasst euch durch nichts entmutigen, klopft unermüdlich und unverschämt am Herzen des Vaters an und vertraut, dass Er geben wird. Was wird Er geben? Jesus sagt: Noch viel mehr als ihr *«euren Kindern gebt, was gut ist, wieviel mehr wird der Vater im Himmel den Heiligen Geist denen geben, die ihn bitten» (Lk 11,13).* Es gibt Dinge, um die wir nur mit der Einschränkung – wenn es Dein Wille ist – bitten können. Hier jedoch ist der Wille Gottes eindeutig und klar. Hier gibt es keinerlei Einschränkung. Der Vater will Seinen Töchtern und Söhnen den Heiligen Geist geben. Denn der Heilige Geist ist die gute Gabe des Vaters für alle Situationen unseres Lebens.

Glauben Sie, dass der Vater Ihnen ganz persönlich in neuer Weise den Heiligen Geist schenken will? Es ist gut, sich hier Zeit zu lassen und diese Frage im eigenen Herzen zu klären.

Wenn Sie glauben, dass der Vater Ihnen den Heiligen Geist geben will, dann bitten Sie immer wieder, bitten Sie unaufhörlich. Lassen Sie nicht nach, bis der Vater sein Versprechen eingelöst hat. In dieser Weise haben die Jüngerinnen und Jünger nach der Himmelfahrt Jesus gebetet. Sie zogen sich damals nicht in ihren Alltag zu ihren Alltagsgeschäften zurück, sondern in den Abendmahlssaal, ins *«Obergemach, wo sie nun ständig blieben: Dort verharrten alle einmütig im Gebet, zusammen ... mit Maria, der Mutter Jesu» (Apg 1,13–14).* Sie «verharrten» im Gebet im Sinn: Du hast es versprochen und wir hören nicht auf, bis du das Versprechen eingelöst hast. Dieser Beharrlichkeit ist Erhörung versprochen.

Liebe Leserin, lieber Leser

Das Erfülltwerden mit Gottes Geist ist nicht eine einmalige Handlung. Vielmehr geht es um eine Haltung des Empfangens, die wir im Alltag einüben dürfen. Pater Ernst Sievers sagt, dass wir täglich mindestens solange ein Zündholz brennt, um den Heiligen Geist bitten sollen. Dabei können wir folgende oder ähnliche Worte sprechen:

«Heiliger Geist, Geist der Liebe des Vaters, komm und erfülle mich heute neu mit Deiner Liebe. Erwärme und durchglühe mich. Lass mich zum Licht und zur Kraft für Andere werden. Erleuchte mich und zeige mir, was ich tun soll. Schenke mir Freude und Kraft dazu. Amen.»

Die täglichen Lesungen im Teilnehmerheft bieten wiederum eine gute Möglichkeit, das Thema dieses Kapitels in den kommenden Tagen zu vertiefen.

7. Menschen des neuen Weges – «Es braucht dein Ja»

Die kleine Tochter einer Familie steht vor ihre Mutter hin und fragt: «Mutti, bist du verheiratet?» Die Mutter schüttelt über dieser merkwürdigen Frage den Kopf und antwortet: «Wie kommst du auf diese Frage? Natürlich bin ich verheiratet.»

Eine Woche später beobachtet die kleine Tochter ihre Eltern, wie sie miteinander streiten. Spontan rennt sie zur Mutter hin und fragt: «Mutti, bist du jetzt immer noch verheiratet?» Die Mutter versichert ihrer Tochter, dass sie immer noch verheiratet ist. Auf den Einwand hin, dass sie jetzt doch eben miteinander gestritten haben, antwortet sie: «Wenn wir streiten ändert sich doch nichts daran, dass wir verheiratet sind.»

Weshalb ist die Mutter so sicher, dass sie verheiratet ist? Die Gewissheit der Mutter hat einen ganz konkreten Grund, denn an einem bestimmten Tag in ihrem Leben hat sie mit ihrem Mann am Traualtar den Bund der Ehe geschlossen. Dort haben sie «Ja» zueinander gesagt, und dieses «Ja» gilt, auch wenn es einmal Unstimmigkeiten zwischen ihnen gibt. Sie ist und bleibt verheiratet, auch wenn es ihr nicht jeden Tag gelingt, die eingegangene Ehe in der Weise zu leben, wie sie es sich vorgenommen hatte.

Auch beim Christsein geht es um einen Bund. Gott selbst ist es, der jedem von uns die Hand reicht und uns Seinen Bund anbietet. Und wenn ein Mensch zu diesem Bund mit Gott «Ja» sagt, wird der Heilige Geist in neuer Weise wirksam. Aus diesem Bund, aus diesem gegenseitigen «Ja» heraus, wird ein neues Miteinander, ein neuer Weg möglich, wie das Thema zeigt: *Menschen des neuen Weges – «Es braucht dein Ja»*.

Schritte des Christwerdens

Ein italienischer Opa sagte bei der Taufe eines Enkels: «Wir Italiener sind von Geburt an katholisch!» Und – ist man dadurch schon ein Christ? Wie werden Menschen «Christen»?

Als am ersten Pfingstfest der Heilige Geist auf die versammelte Jüngerschar herabkam, verliessen sie den Saal und Petrus hielt eine

Predigt. Darin verkündete er die Auferstehung Jesu Christi und Seine Gegenwart als «Herr». Überraschend die Wirkung: *«Als sie das hörten, traf es sie mitten ins Herz, und sie sagten zu Petrus und den übrigen Aposteln: Was sollen wir tun, Brüder? Petrus antwortete ihnen: Kehrt um, und jeder von euch lasse sich auf den Namen Jesu Christi taufen zur Vergebung seiner Sünden; dann werdet ihr die Gabe des Heiligen Geistes empfangen. ... Die nun, die sein Wort annahmen, liessen sich taufen. An diesem Tag wurden (ihrer Gemeinschaft) etwa dreitausend Menschen hinzugefügt. Sie hielten an der Lehre der Apostel fest und an der Gemeinschaft, am Brechen des Brotes und an den Gebeten» (Apg 2,37–38.41–42).*

Dieser Text weist uns auf fünf Schritte des Christwerdens hin die mit dem Eingehen einer Ehe verglichen werden können.

1. Berührung durch Jesus, den Auferstandenen

Die Botschaft die sie hörten, *«traf sie mitten ins Herz ...»*. Die damals versammelten Menschen in Jerusalem glaubten alle an Gott. Ihr Weg des Christwerdens begann jedoch damit, dass sie von Christus selbst in ihrem Herzen berührt wurden. Diese Betroffenheit führte zur Frage: *«Was sollen wir tun?»*

Auch auf dem Weg zur Ehe steht am Anfang eine innere Berührung. Zwei Menschen begegnen sich und empfinden Liebe füreinander. Dieses Berührtwerden führt zur Frage: Wie soll es jetzt mit uns weitergehen?

2. Sich auf eine Beziehung mit Jesus Christus einlassen

Mit der Aufforderung *«Kehrt um»* lädt Petrus die Betroffenen deutlich ein, sich Gottes Liebe zu öffnen, die in Jesus Christus da ist. Petrus lädt sie ein, sich auf eine Beziehung mit Jesus einzulassen.

Analog ist es in einer Freundschaft. Zwei Menschen entscheiden sich nach einer ersten Betroffenheit, sich aufeinander einzulassen. In diesem Einlassen lernen sie einander besser kennen und so kann die Entscheidung reifen, sich entweder wieder zu trennen, oder sich auf ein verbindliches Miteinander einzulassen.

3. Der Bundesschluss mit Jesus Christus in der Taufe

Wenn die Beziehung mit Jesus Christus wächst, führt sie eines Tages zu der verbindlichen Entscheidung: *«Und jeder lasse sich auf den*

Namen Jesu Christi taufen.» Sich taufen zu lassen heisst, einen Bund mit Jesus Christus einzugehen: Du – und kein Anderer! Ich stelle mich auf Deine Seite! Wir gehören zusammen. Du sollst mein Herr und Meister sein und mein Leben führen!

Im Vergleich mit der Ehe bedeutet «sich taufen lassen» den Bund des Lebens in einer öffentlichen Eheschliessung einzugehen.

4. Der Empfang des Heiligen Geistes

Aus einem Bund entsteht ein neues Miteinander, welches das eigene Leben in vielen Bereichen verändern wird. Wir erhalten Anteil an den Gaben des Anderen. Was in Jesus ist, kommt in unser Leben: Sein Geist! *«Ihr werdet die Gabe des Heiligen Geistes empfangen.»* Der Heilige Geist ist das Band des Bundes, die verbindende Liebe. Der Geist Jesu richtet uns auf Jesus aus und weckt den Wunsch auf Ihn zu hören und mit Ihm zusammen zu wirken.

Die Entscheidung zweier Menschen, füreinander zu leben, führt zu einem neuen Miteinander. Ihre gegenseitigen Gaben werden beiden zum Nutzen und zum Segen. Sie leben aus einem neuen Geist, nämlich aus der Liebe zueinander. Sie entscheiden nun vieles gemeinsam und aus diesem Geist der Liebe heraus.

5. Das Leben in der neuen Familie

Noch eine weitere Wirkung des Bundes ist offensichtlich: *«An diesem Tag wurden ihrer Gemeinschaft etwa dreitausend hinzugefügt.»* Die Menschen, die sich für Jesus Christus entschieden und Ihn als ihren Herrn angenommen hatten, spürten gegenseitig eine innere Verbundenheit. Der Geist Jesu «verband» sie von Herz zu Herz. Sie entdeckten, dass sie zusammen gehören. So entstand eine neue Gemeinschaft, das Leben mit neuen Brüdern und Schwestern, in einer neuen Familie, im Leib Jesu Christi, der Kirche.

Auch das Eingehen einer Ehe führt uns in ein neues Beziehungsnetz, in die Verwandtschaft des Ehepartners, der Ehepartnerin (Schwiegereltern) und ein Stück weit in den jeweiligen Freundeskreis.

Wenn wir die fünf Schritte betrachten, können wir erkennen, dass Christwerden eine radikale Veränderung bedeutet, die nicht nur das eigene, persönliche Leben betrifft, sondern auch Auswirkungen auf die Gemeinschaft hat. Christen gehören zu einer «neuen Familie».

Zugleich ist Christwerden auch ein Prozess, ein Weg. Aber auf diesem Weg gibt es eine deutliche Schnittstelle: das Ereignis der Taufe. Wir können sagen: Die Taufe ist die Schnittstelle vom «alten» zum «neuen» Leben.

Taufe Jesu am Jordan

Die Taufe als «Schnittstelle» können wir bereits im Leben Jesu sehen. Auch im irdischen Leben Jesu gab es eine Zeit vor der Taufe. So lebte Er etwa dreissig Jahre ein relativ verborgenes Dasein. Nach der Taufe begann Sein öffentliches Wirken von knapp drei Jahren.

Die drei Evangelisten Matthäus, Markus und Lukas berichten, dass Jesus sich von Johannes dem Täufer taufen liess: *«In jenen Tagen kam Jesus aus Nazaret in Galiläa und liess sich von Johannes im Jordan taufen. Und als er aus dem Wasser stieg, sah er, dass der Himmel sich öffnete und der Geist wie eine Taube auf ihn herabkam. Und eine Stimme aus dem Himmel sprach: Du bist mein geliebter Sohn, an dir habe ich Gefallen gefunden» (Mk 1,9–11).* Auf zwei Aspekte wollen wir eingehen:

Erstens: Jesus hat vor Seinem öffentlichen Wirken *die Kraft des Heiligen Geistes* in einer neuen Dimension erfahren. Dieser Heilige Geist stand Ihm später bei Seiner Sendung bei *(vgl. Lk 4)* und gab Ihm täglich Kraft. Durch Ihn wirkte Jesus viele Zeichen und Wunder.

Zweitens: Eine Stimme aus dem Himmel bestätigte Ihn öffentlich als *«geliebten Sohn»*, an dem Gott Gefallen gefunden hat. Diese Erfahrung hat Jesus die unzerstörbare Gewissheit des Geliebt- und Angenommenseins geschenkt. Selbst in den schwersten Zeiten Seines Lebens hat Er nicht daran gezweifelt.

Taufe bedeutet in diesen göttlichen Kraftstrom und Liebesstrom des Heiligen Geistes hinein getaucht zu werden. Das schenkt eine tiefe Verbundenheit mit Jesus, ein tiefes Glück.

Initiation – Eingliederung in die Kirche

Auch in der frühen Kirche wurde die Taufe als Schnittstelle zu einer neuen Lebenswirklichkeit verstanden. Es gab ein klares «Vorher» und «Nachher». Im Unterschied zu heute wurden in den ersten vier Jahrhunderten vorwiegend erwachsene Menschen getauft und in die Kirche aufgenommen.

Damals wurden gleichzeitig mit dem Sakrament der Taufe auch das Sakrament der Firmung und das Sakrament der Eucharistie empfangen. Diese drei bildeten eine Einheit und wurden als Initiationssakramente, das heisst als Sakramente der Einführung und Eingliederung in die Gemeinschaft der Christen bezeichnet. Die Taufanwärter/innen, (Katechumenen) bereiteten sich ein bis drei Jahre lang (Katechumenat) auf die Taufe vor. Die Aufnahme in die Gemeinschaft der Gläubigen fand meist in der Osternachtsfeier statt, in der alle drei Initiationssakramente empfangen wurden.

Taufe

In der Taufe gab der erwachsene Katechumene Antwort auf das Liebesangebot Gottes. Er nahm das Bundesangebot Gottes an und entschied sich für Jesus Christus und Seinen Leib, die Kirche.

Damit wir uns dieses Taufgeschehen in der Jungen Kirche etwas konkreter vorstellen können, betrachten wir das Baptisterium, das heisst das Taufbecken, aus der Johannesbasilika in Ephesus, einer der ältesten Kirchen der Christenheit. Wir sehen je drei Stufen, die in das Taufbecken hinab führen.

Verbunden mit dem Hinabsteigen in das Taufbecken war die dreimalige Absage an das Böse und auch an das «alte Leben», das heisst an die bisherigen gottwidrigen Lebenshaltungen. Dazu legten die Täuflinge ihre alten Kleider, die ihr altes Leben versinnbildlichten, ab. Nackt stiegen sie in den Taufbrunnen, der die Form des Kreuzes hatte. Alles Negative, wovon sie sich losgesagt hatten, sollte so in der Kraft der Erlösung Jesu Christi zu Tode kommen. (Vgl. Kreuzform des Taufbeckens.)

Der folgende Text stammt aus dem Jahre 215 und zeigt die konkrete Art und Weise der Taufspendung von damals. Der Presbyter Hippolyt in Rom schreibt:

Der unbekleidete Täufling steigt, von einem Diakon assistiert, ins Wasserbecken, an dessen Rand der taufende Bischof oder Priester steht. Wenn also derjenige, der getauft wird, ins Wasser hinabsteigt, soll der, der ihn tauft, ihm seine Hand auflegen und ihn so ansprechen: «Glaubst du an Gott, den allmächtigen Vater?» Und der Täufling soll antworten: «Ich glaube». Und sogleich tauche der, der ihm seine Hand auf das Haupt gelegt hat, ihn ein erstes Mal unter.

Und danach soll er sagen: «Glaubst du an Christus Jesus, den Sohn Gottes, geboren vom Heiligen Geist aus der Jungfrau Maria, gekreuzigt unter Pontius Pilatus und gestorben, lebend aus den Toten auferstanden, am dritten Tag zum Himmel emporgestiegen, wo er zur Rechten des Vaters sitzt, der wiederkommen wird zum Gericht über Lebende und Tote?» Und wenn jener gesagt hat: «Ich glaube», soll er wiederum untergetaucht werden.

Und wieder soll er sagen: «Glaubst du an den Heiligen Geist und die heilige Kirche und die Auferstehung des Fleisches?» Der getauft wird, soll sprechen: «Ich glaube». Und so wird er ein drittes Mal untergetaucht (aus: «Traditio apostolica»).

Im dreimaligen «Ich glaube» banden die Katechumenen ihr Leben an das unzerstörbare Leben Jesu Christi. Sie nahmen Jesus Christus als ihren Herrn und Erlöser an und gaben damit ihr «Ja» zum Bund mit Gott. Sie wurden eins mit Ihm. Dieses neue Einssein mit Gott wurde gleich darauf mit dem Anziehen eines weissen Kleides bekräftigt. *«Denn ihr alle, die ihr auf Christus getauft seid, habt Christus (als Gewand) angelegt» (Gal 3,27).*

Firmung

Damit war das Taufgeschehen noch nicht abgeschlossen. Nun kam der zweite Schritt. Der Neugetaufte kam, herausgestiegen aus dem Taufbecken und mit dem weissen Kleid, zum Bischof, dem Leiter der Gemeinde, der ihn am Eingang des Gottesdienstraumes erwartete.

Der Bischof legte ihm die Hände auf, salbte ihn mit Öl – «Chrisam» nennen wir dieses Öl – und betete für den Neugetauften um das Erfülltwerden mit dem Heiligen Geist: Die Kraft des Auferstandenen soll ihn erfüllen und durchströmen. Der Heilige Geist soll ihm alle Gaben und Charismen schenken und ihn für seine Sendung ausrüsten und schmücken. Für die Junge Kirche war völlig klar, dass ein christliches Leben nur aus der Kraft des Heiligen Geistes gelebt werden kann.

Eucharistie

Anschliessend wurden die Neugetauften in den Gottesdienstraum geführt. Mit einem Geschwisterkuss wurden sie von allen persönlich willkommen geheissen und als Brüder und Schwestern angenommen. Von jetzt an gehörten sie dazu. «Schwester» bzw. «Bruder» wurden sie nicht nur genannt, nein, das war vielmehr ihr neues Lebensprogramm. Sie, die Getauften, lebten füreinander, sorgten füreinander und stützten einander. Diese Gemeinschaft war ihre neue Heimat, ihr neues Zuhause. Dies war wichtig und notwendig, weil sie durch das Christwerden oft aus ihrer bisherigen Gemeinschaft ausgeschlossen wurden und so die soziale Gemeinschaft und materielle Sicherheit verloren hatten.

So feierten die Neugetauften das erste Mal Eucharistie als Feier des Neuen Bundes, des neuen Miteinanders mit Jesus Christus und den neuen Geschwistern. Jesus Christus schenkt in der Eucharistie Sein Leben und Seine Liebe. Diese nehmen alle dankend an und schenken sie als Familie Gottes einander weiter.

Diese drei Schritte, nämlich Taufe, Firmung und erstmalige Mitfeier der Eucharistie, markierten das tiefe Erleben eines Neubeginns. Nun wussten die Neugetauften: Wir haben ewiges Leben, weil wir das Leben Jesu in uns tragen. Wir werden das Reich Gottes erben. Ein unvorstellbares Glück! Eine Ewigkeit voller Liebe wartet auf uns. Durch ihr «Ja» wurden sie Menschen des neuen Weges, die eine neue Heimat in Jesus Christus und in den neuen Schwestern und Brüdern gefunden haben.

Das «Amen» der Taufe

Wenn wir die heute übliche Taufpraxis anschauen, können wir feststellen, dass sich in Bezug auf die Taufe vieles verändert hat. Ein einschneidender Wandel geschah im 4. Jahrhundert unter Kaiser Konstantin. Bis zu diesem Zeitpunkt wurden die Christen in unterschiedlicher Intensität immer wieder verfolgt. Unter Kaiser Konstantin wurde das Christentum nicht nur erlaubt, sondern in der Folge sogar zur Staatsreligion erklärt. Ab diesem Zeitraum breitete sich die Kindertaufe zunehmend aus.

Die Taufe ist ein Bund, zu dem es zwei Partner braucht, die freiwillig und bewusst zueinander «Ja» sagen. In der Kindertaufe feiern wir das «Ja» Gottes, Seine Erwählung. Gott ist in der Kindertaufe den Bund mit uns eingegangen und hat uns die Fülle Seiner Gnade geschenkt. Von Gott aus gesehen bin ich durch die Taufe Seine Tochter, Sein Sohn. Ich bin Sein Eigentum. Die Kindertaufe ist das Zeichen Seiner Erwählung.

Noch ist diese Erwählung einseitig. Denn als Baby haben wir diesen Bundesschluss nicht bewusst vollziehen können. Wir waren dazu noch gar nicht in der Lage. Nun liegt es an uns, als Erwachsene uns Gottes Liebe zu öffnen. Er wartet auf unsere Antwort der Liebe. Diese besteht darin, dass wir uns bewusst für Ihn entscheiden, dass wir Ihn mit Freude zum Gott unseres Lebens erwählen. Wie kann das möglich werden?

Wenn der Priester oder Diakon ein Kind tauft, sagt er: *«(Name), ich taufe dich im Namen des Vaters und des Sohnes und des Heiligen Geistes.»* Das Wort *«Amen»* sagt der Taufende ganz bewusst nicht. Das hebräische Wort *«Amen»* ist eine Bekräftigung, ein Festmachen. Es heisst: «Ja, das will ich. Ich stehe ganz dahinter, ich erkläre es für gültig.» Der Taufende sagt bei der Taufe dieses Amen nicht, weil der Täufling es einmal selbst ganz bewusst sagen und mit seinem Leben bezeugen muss. Erst mit dem bewussten «Ja» des Getauften, kommt das in der Kindertaufe uns von Gott Geschenkte zur vollen Auswirkung. Erst dann wird der Bund, das Miteinander, lebendig.

Dieses *«Amen»* unserer Entscheidung für Jesus Christus ist der Schritt ins Leben! Durch diesen Schritt gewinnen wir viel. Wir öffnen uns dem Reichtum, der Kraft und der Erlösung Jesu Christi. Wir gehören Jesus Christus für immer an. Wir wissen, Gott steht zu Seinem Bund, und Jesus Christus selbst ist der Garant dieser göttlichen Treue. Wir wissen deshalb, dass wir durch Jesus Christus ewiges Leben haben.

Unsere Taufe, insbesondere die als Baby empfangene Taufe, bedarf also noch eines persönlichen Schrittes des «Ja», damit sie lebendig wird, uns beglückt und froh macht. Im Heranreifen eines Kindes sowie im Kirchenjahr bietet die Kirche verschiedene Möglichkeiten an, dieses «Ja» zur Taufe auszuprechen. So ist beispielsweise bei der Erstkommunion und der Firmung die Erneuerung des Taufversprechens ein fester Bestandteil der Liturgie. Auch in jeder Osternachtsfeier haben die Gläubigen die Möglichkeit, ihr Taufversprechen zu erneuern. Oftmals fehlt aber dabei die entsprechende Vorbereitung oder das nötige Verständnis zum Taufgeschehen, damit ein bewusstes, persönliches «Ja» gesprochen werden kann.

Tauf- und Firmerneuerung

Was für die Taufe gilt, könnte in ähnlicher Weise auch von der Firmung gesagt werden. Wir wurden gefirmt, aber die Kraft der Firmung ist bei vielen noch kaum entfaltet. Denn zur Firmung gehört

ein persönliches und entschiedenes «Ja». Dieses «Ja» ist einerseits ein einmaliges und bewusstes Geschehen, andererseits ist es wichtig, dieses «Ja» regelmässig zu erneuern.

Deshalb kann die Christin, der Christ mit einer Glühbirne verglichen werden. Eine Glühbirne ist zerbrechlich. Man kann sie auf den Tisch legen, dann rollt sie ein wenig umher. Aber in diesem Zustand nützt die Glühbirne nichts. Wenn sie ihren Sinn erfüllen soll, dann muss man sie zuerst in eine Fassung hinein schrauben. Damit verliert sie ein Stück Freiheit, erhält dafür aber einen Halt. Und – sie ist nicht mehr «fassungslos».

Doch bei der Glühbirne fehlt noch Entscheidendes: der Strom! Erst wenn der Strom durch die Birne hindurchfliesst, beginnt sie zu leuchten. Erst dann wird sie zu dem, wofür sie gemacht worden ist.

Damit der Strom – wir können sagen der Heilige Geist – in vertiefter Weise in unser Leben kommen kann, sind zwei Dinge wichtig: Erstens das entschiedene Ja zum Bund der Taufe. Das entschiedene Ja ist wichtig, weil es hier ein Problem geben kann: Wackelkontakt. Wackelkontakt verunsichert und ist gefährlich. Stellen Sie sich vor in Ihrer Ehe oder in einer Beziehung, die Ihnen wichtig ist, wäre Wackelkontakt da. Heute passt es mir mit dir, doch morgen passt mir vielleicht ein anderer Partner besser – je nach Situation, Lust und Laune. Wir wissen, so geht es nicht!

Das gilt auch in der Beziehung zu Jesus Christus: Wenn unser Ja nicht klar und eindeutig ist, wenn wir die Führung unseres Lebens Ihm nur teilweise übergeben haben, wenn einmal ja, mal nein, je nach Situation und Laune in uns da ist, dann ist das ein Problem. Solange unser «Ja» nicht klar und eindeutig ist, kann der Strom nicht richtig fliessen, ähnlich wie bei einem Wackelkontakt.

Wenn unser Ja klar ist, dann muss zweitens der Strom eingeschaltet werden. Das heisst zu bitten, dass unser Leben unter die Kraft des Stromes des Geistes Jesu kommt: «Heiliger Geist komm und erfülle mein Leben mit Deiner Kraft. Komm wirke in mir und durch mich. Ich möchte, dass Du in mir und durch mich leuchtest.» Dann kann geschehen, was Jesus gesagt hat: *«Ihr seid das Licht der Welt» (Mt 5,14).* Denn – Sie und ich – sind berufen, in dieser Welt zu leuchten, Sein Licht auszustrahlen.

Taufe als Aufnahme in die Kirche

Taufe bedeutet den Bund mit Jesus einzugehen. Doch jeder von uns, der geheiratet, stellte jedoch fest, dass er sich nicht nur mit der einen Person verbindet. Denn durch die Verbindung mit dieser geliebten Person ist er auch in eine Beziehung getreten mit all denen, die zu ihr gehören: Eltern, Geschwister, Freunde ... Dann gibt es Schwiegereltern, Schwägerinnen und Schwager usw. und damit manch neue angenehme und vielleicht auch unangenehme Beziehungen.

Das ist auch bei Jesus so: Wenn wir den Bund mit Ihm schliessen, dann werden wir durch Ihn automatisch mit all denen verbunden, die zu Ihm gehören. Wie können wir das verstehen?

Der neue Leib Jesu Christi

Während ca. 33 Jahren hatte Jesus in Palästina einen irdischen Leib. Doch dann starb Jesus. Viele, besonders Seine Gegner meinten, dass damit Sein Wirken zu Ende sei. Doch da täuschten sie sich gewaltig. Denn Jesus ist auferstanden und lebt. An Pfingsten schuf der Vater dem Auferstandenen einen neuen Leib. Dieser Leib besteht aus den Menschen, die sich mit Jesus Christus in der Taufe verbinden und sich dem Heiligen Geist öffnen.

Paulus nennt diese Gemeinschaft Leib Christi. *«Durch den einen Geist wurden wir in der Taufe alle in einen einzigen Leib aufgenommen» (1Kor 12,13).* Der Heilige Geist bewirkt in der Taufe die Aufnahme in den Leib Jesu Christi. Wir werden in einen neuen Organismus in ein neues Beziehungsnetz integriert. In diesem Organismus ist Jesus Christus das Haupt *(vgl. Kol 1,18).* Wir alle sind Glieder in diesem lebendigen Organismus, welcher der Leib Jesu Christi ist *(vgl. 1 Kor 12,27).* Das zeigt eine ganz tiefe, innere Verbundenheit, die Jesus Christus mit uns haben möchte und die wir untereinander zu leben berufen sind: Er in uns und wir in Ihm.

Vergleich mit dem menschlichen Körper

Der Leib Jesu Christi, die Kirche, hat heute keinen guten Ruf. Viele wenden sich enttäuscht von ihr ab, weil oft so herzlich wenig von diesem befreienden Leben Jesu zu spüren ist. Warum ist das so? Vielleicht kann uns das folgende Bild helfen, dies etwas besser zu verstehen.

Wir können sagen: Zur Kirche gehört einmal die Institution, der nach aussen sichtbare Apparat, die Organisation. Die Institution ist in diesem Vergleich wie beim Menschen das Knochengerüst. Es gibt Halt. Aber niemand kann sich in ein Knochengerüst verlieben und mit ihm eine partnerschaftliche Beziehung aufbauen.

Um das Knochengerüst bilden sich beim Menschen Muskeln, Sehnen, Glieder, die Haut; ein sichtbarer Körper. Das sind bei der Kirche die Christinnen und Christen. Bei den Gliedern kann es gesunde und kranke geben, saubere und schmutzige, anziehende und abstossende, es kann aber auch anziehende Glieder geben, Menschen die durch ihre Offenheit, Wärme und Freude anziehen.

Doch in einen Körper allein, so schön er auch ist, können wir uns nicht verlieben. In einer persönlichen Beziehung leben, können wir letztlich nur mit einer Person. Die Person im Leib Christi ist Jesus Christus im Heiligen Geist. Die Kirche ist somit der Körper, in dem Jesus Christus heute lebt.

Diesen Gedanken greift ein Lied auf: «Der Geist des Herrn durchweht die Welt, gewaltig und unbändig; wohin sein Feueratem fällt, wird Gottes Reich lebendig. Da schreitet Christus durch die Zeit in seiner Kirche Pilgerkleid, Gott lobend: Halleluja.» Die Kirche wird hier als Pilgerkleid beschrieben, in dem Jesus heute gegen-

wärtig ist und heute handelt. Das zeigt: Jesus lebt. *«Jesus ist derselbe gestern, heute und in Ewigkeit» (Hebr 13,8).* Die Kirche ist somit der im Heiligen Geist weiterlebende und weiterwirkende Jesus.

Menschlich und göttlich

Dieser Leib Jesu Christi, die Kirche, hat eine menschliche Seite. Das sind die Menschen als die Glieder an diesem Leib. Mit uns Menschen hat die Kirche darum alle Schwächen, Fehler und Dunkelheiten, die unser Menschsein ausmachen. Diese dunkle, menschliche Seite der Kirche spüren wir oft an uns selber und an vielem, was uns bei Anderen in der Kirche stört. Das «Bodenpersonal» der Kirche macht vielen zu schaffen.

Dazu eine Begebenheit: Nach einer Predigt kam ein Zuhörer zum Pfarrer und sagte: «Ich kann mich einfach nicht entschliessen, einer der bekannten Kirchen beizutreten, denn in jeder Gemeinschaft sehe ich so viel Unvollkommenes und Schlechtes.» Darauf antwortete der Pfarrer: «Freund, du hast recht, keine Kirche ist vollkommen und solltest du jemals eine vollkommene Kirche finden, so wird sie sich weigern, dich aufzunehmen, denn sobald sie dich aufgenommen hätte, würde sie aufhören, vollkommen zu sein.»

Wir können sagen, zum Glück ist die Kirche keine Gemeinschaft von Vollkommenen, sondern eine Gemeinschaft derer, die versuchen, Gottes Liebe erfahrbar werden zu lassen und mit Seiner Kraft das Leben zu bestehen. Denn so – und nur so – haben auch wir mit unseren Eigenheiten, Dunkelheiten und Fehlern eine Chance, zu diesem Leib Jesu zu gehören.

Der Leib Jesu Christi hat auch eine göttliche Seite: Jesus Christus im Heiligen Geist. Er ist das Leben der Kirche. Es ist wichtig, uns dem Geist Jesu, dem Heiligen Geist, zu öffnen und Ihn ganz wirken zu lassen. Denn lebendig wird die Kirche nur durch den Heiligen Geist. Nur durch diesen Geist werden wir lebendige und anziehende Glieder an diesem Leib.

Liebe Leserin, lieber Leser

Taufe und Firmung sind nicht vergangene Ereignisse, vielmehr wollen sie ihre Kraft heute und in Zukunft entfalten. Dazu braucht es immer wieder unser Ja, die Erneuerung unserer Entscheidung. Denn im Ja entfaltet sich die Kraft Gottes. Das Aussprechen eines entschiedenen «Ja» vertieft die Freundschaft mit Gott. Darum laden wir Sie zu einer persönlichen Tauf- und Firmerneuerung ein.

Fotos von der eigenen Taufe und der Firmung, sowie die eigene Taufkerze können heilsame Erinnerungen wecken. Wenn Sie als Baby getauft wurden, haben andere für Sie entschieden. Jetzt sind Sie persönlich angefragt und niemand kann Ihnen Ihre persönliche Entscheidung abnehmen. Denn Christin und Christ werden wir nur durch unsere persönliche Entscheidung für Jesus Christus.

Die vertiefenden Texte im Teilnehmerheft wollen Ihnen helfen, sich auf diesen Schritt vorzubereiten.

8. Die Freude am Glauben – «Du bist gesandt»

Im Leben eines Menschen gibt es Sternstunden. Damit sind Begegnungen und Erfahrungen gemeint, in denen – gleich einem neuen Stern – Neues, Beglückendes und Strahlendes ins Leben eintritt. Das kann der Beginn einer Freundschaft sein, die das weitere Leben eines Menschen prägt und ihm viel Licht, Segen und Heil bringt.

Die Entscheidung zur Freude

Von einer solchen Sternstunde, die für alle Menschen gekommen ist, spricht Titus: *«Als aber die Güte und Menschenliebe Gottes, unseres Retters, erschien, hat er uns gerettet – nicht weil wir Werke vollbracht hätten, die uns gerecht machen können, sondern aufgrund seines Erbarmens – durch das Bad der Wiedergeburt und der Erneuerung im Heiligen Geist. Ihn hat er in reichem Maß über uns ausgegossen durch Jesus Christus, unseren Retter, damit wir durch seine Gnade gerecht gemacht werden und das ewige Leben erben, das wir erhoffen» (Tit 3,4–7).*

In der Stunde, die Gott selber in Seinem Heilsplan bestimmt hat, offenbarte Er Seine «Güte und Menschenliebe» in Jesus von Nazaret. Durch Ihn ermöglicht Er allen ein neues Leben. Dieses neue Leben ist ein Geschenk der erbarmenden Liebe Gottes. Wir nehmen Gottes grandioses Geschenk im *«Bad der Wiedergeburt und der Erneuerung im Heiligen Geist»* an.

«Wiedergeburt» weist darauf hin, dass es hier nicht um Theorien und Spekulationen geht. Gott schenkt dem Menschen eine neue Identität, ein neues Selbstverständnis, nämlich Tochter und Sohn Gottes zu sein. «Ich fühle mich wie neu geboren» sagen wir, wenn ein begeisternder Neuanfang, wenn neues Leben in uns aufbricht. Die Bibel nennt diese neue Identität, die in der Taufe angenommen und gefeiert wird: Wiedergeburt, Neugeburt, neue Schöpfung. Nicht Menschen bewirken dieses neue Leben, sondern Gott selber.

Dieses Neue, das Gott in Jesus Christus bewirkte, fand in der Geistsendung ihren Höhepunkt. Gott selber befähigt nun durch Seinen Geist zu einem neuen Leben. Dieser Geist, den Gott durch Jesus Christus *«in reichem Mass über uns ausgegossen»* hat, bewirkt die Umgestaltung unseres Lebens. Gottes Heiliger Geist wandelt den Menschen.

Dieses Kommen des Heiligen Geistes kann ganz leise, sanft und fast unmerklich sein, so wie eine Schwangerschaft. Nach und nach kann die Mutter das neue Leben in ihr wahrnehmen. Der Heilige Geist kann auch spürbar, ja mit Erschütterungen kommen. Aber immer gilt: Der Heilige Geist verändert das Leben.

Die Veränderung besteht darin, dass wir mehr und mehr zu unserem Tiefsten, Wahrsten, Edelsten und Schönsten in uns befreit werden. Wir werden *«gerecht gemacht»*, das heisst: richtig, gut, heil, schön und ganz. Noch mehr: Wir werden *«das ewige Leben erben»*. Anders gesagt: Wir haben Zukunft, ja eine unzerstörbare Zukunft. Unser Leben wird gelingen. Das ewige Heil und Glück ist uns gewiss.

In der Urkirche wurde diese Entscheidung für das Leben in den drei Initiationssakramenten Taufe, Firmung und Eucharistie gefeiert. Feiern ist der richtige Ausdruck, denn es war ein Fest der Freude. Letztlich gibt es nichts Grösseres zu feiern als dieses neue unzerstörbare Leben, welches uns eine herrliche, ewige Zukunft eröffnet.

Maria als Beispiel

Wir können viel über Sternstunden und notwendige Veränderungen reden. Doch entscheidend ist, sie zu erleben. Damit dies geschehen kann, müssen wir uns einlassen auf Gott und Seinen Weg für uns. Wir müssen Ihm unser Leben öffnen. Maria hat dies erfahren. Sie weiss: Den Heiligen Geist kann nur empfangen, wer sich verbindlich auf Gott einlässt.

Maria war eine junge Frau, fast noch ein Mädchen, als im Alter von 14-16 Jahren ihr Leben eine neue Richtung bekam: *(vgl. Lk 1,26–38)*. Es fing damit an, dass Maria Gottes Stimme hörte. *«Sei gegrüsst, du Begnadete, der Herr ist mit dir» (Lk 1,28)*. Dann hörte Maria von einem Weg, den sie sich nicht selber ausgesucht hatte: *«Fürchte dich nicht Maria. Du wirst ein Kind empfangen» (Lk 1,30)*. Nun können Sie Ihren eigenen Namen einfügen: «Fürchte dich nicht (...) Du wirst ein neues Leben empfangen. Bist du bereit, dies an und in dir geschehen zu lassen?»

Maria spürt, hier geht es nicht um ein unverbindliches Spiel. Alle Mütter und Väter wissen es: Ein Kind bringt Veränderung ins Leben. Ihre Antwort hat Folgen. Dabei wurde ihr auf einmal ihre Lebenssituation bewusst. Auf einmal stiegen in ihr Ängste und Fragen auf: Was wird aus meinem Ruf, was denken die Anderen, wenn ich ein uneheliches Kind erwarte? Wie wird die Mutter reagieren, wenn sie hört, dass ich schwanger bin? Was soll ich ihr sagen, wenn sie nach dem Vater fragt? Ich kann doch nicht sagen, das Kind sei vom Heiligen Geist? Wie werden die anderen im Dorf über mich reden? Werden sie mich ausstossen?

Noch ein weiteres beschäftigte Maria, denn sie war verlobt. Die Verlobung war bei den Juden ein bindend-rechtlicher Schritt. Damit gehörte sie bereits Josef. Nun fragte sie sich: Wie wird Josef reagieren? Kann er mich verstehen? Wird er mich verlassen, wenn er sieht, dass ich ein Kind erwarte, das nicht von ihm ist? Verliere ich seine Liebe?

Maria hatte grosse Angst, Josef zu verlieren. Ja, mehr noch, sie musste sogar Angst um ihr Leben haben, denn nach dem damaligen jüdischen Gesetz hätte sie gesteinigt werden können, weil sie ein Kind bekam, das nicht von ihrem Verlobten war. Maria fragte sich: Was wird also aus meinem Leben, wenn ich Ja zum Ruf Gottes sage?

Vielleicht hat sie noch eine andere Angst beschäftigt: Werde ich nicht überfordert sein? Kann ich das überhaupt? Kann ich *«Mutter des Höchsten» (vgl. Lk 1,32)*, Mutter des Gottessohnes sein, ich – ein junges Mädchen?

Diesen Ängsten, Fragen und Zweifeln steht das dreifache Versprechen Gottes gegenüber. Erstens: «Du bist nicht allein: Ich stehe mit meiner ganzen Macht und Liebe hinter dir. Du bist auch menschlich nicht allein auf diesem Weg. Schau, auch bei Elisabeth ist Unglaubliches geschehen. Ich gebe dir Menschen zur Seite, die dich verstehen und dir helfen.»

Zweitens: *«Der Heilige Geist wird über dich kommen» (Lk 1,31)*. Gottes Kraft wird dir geschenkt. Diese Kraft hilft dir alle Schwierigkeiten zu bestehen. Der Heilige Geist wird dich zu allem befähigen, was auf dich zukommt.

Drittens: *«… für Gott ist nichts unmöglich» (Lk 1,37)*. Gott kennt Wege und Möglichkeiten, von denen du keine Ahnung hast. Denk daran: Gott kann Josef beibringen, dass er dich nicht verlässt. Er kann dich von deinen Ängsten befreien. Er kann dir unmöglich scheinende, gute Lösungen vorbereiten. Und denk daran: Gott ist gut. Er kann und wird viel besser für dich, für deine Familie, für deine Aufgaben sorgen, wenn du all dies Seiner Führung anvertraust.

Maria vertraute. Sie zählte auf die neue Kraft, die ihr versprochen wurde und sagte Ja: Mit mir geschehe, wie Du es möchtest. Ich bin bereit. Ich will ganz Deine Wege gehen und Deinen Plan annehmen.

Dieses Ja von Maria brachte der ganzen Welt unendlichen Segen! Dadurch lebte Maria ihre Sendung und Gottes Gnade wirkte durch sie. Nicht nur damals, nein bis in unsere Zeit bewirkt Gott Heil und Segen durch sie. All das ist nur möglich geworden, weil Maria Ja zu Gottes Plan für ihr Leben gesagt hatte.

Durch das Ja zu Gottes Ruf und Sendung, löste sich Maria von dem, was Andere von ihr erwarteten. Sie löste sich von der Menschenfurcht. Das gehört immer dazu, wenn wir Ja sagen zu Gott und damit zu unserer Sendung.

Mein Weg mit Gott

Maria fragte den Engel: *«Wie soll das geschehen» (Lk 1,34)*. Vielleicht fragen Sie sich heute in ähnlicher Weise, wie Sie Gott Ihr Ja schenken oder wie Sie Ihm Ihr Vertrauen ausdrücken können.

Unser Leben mit Gott ist ein Weg. Da gibt es viele verschiedene Etappen und Phasen. Wichtig ist, dass wir uns immer wieder neu für Seinen Plan mit uns entscheiden und somit Ja zu Seiner Liebesgeschichte mit uns sagen.

Ich habe in meinem Leben schon mehrmals Ja gesagt. Ich habe mich schon öfters für Gottes Pläne mit meinem Leben, und damit für meine Sendung entschieden. Nicht immer gelang es mir, dies gut zu leben. Ein besonderer Tag war für mich die Priesterweihe. Frühmorgens bin ich in den Wald gegangen. Noch heute erinnere ich mich, wie ich Ihm sagte: Du weisst, wer und wie ich bin. Du hast mich gerufen. Du hast mich gewollt. Hier hast du mich. Du kennst meine Schwächen, Fehler und Wunden. Ich sage heute Ja und gebe Dir mein Leben. Es ist Deine Verantwortung, was dabei herauskommt. Ich will meinen Teil beitragen und so gut ich kann Deine Wege gehen.

Du für mich und ich für Dich – diese Abmachung traf ich und heute kann ich sagen: Es war die beste Entscheidung meines Lebens. Und so erneuere ich auch heute gerne die Entscheidung für Ihn, denn dies ist das Beste, was ich tun kann. Dabei spüre ich: Immer wichtiger wird mir der Heilige Geist. Ich brauche Seine Kraft, Seine Inspiration, Sein Vertrauen und Seine Liebe. Ohne Gottes Kraft, ohne den Heiligen Geist geht es bei mir einfach nicht.

Wie Gott damals Maria persönlich angesprochen hat, so spricht Er auch uns – Sie und mich – persönlich an: «Du …, du Marianne, du Werner, du – wie dein Name auch ist – dich meine ich ganz persönlich: Dir gehört meine ganze Liebe. Dich möchte ich heute ganz persönlich einladen. Du brauchst dich nicht vor mir zu fürchten, denn ich liebe dich! Meine Absicht ist nichts anderes als dich zu lieben. Dich will ich glücklich sehen und will durch dich Andere glücklich machen. Willst du es wagen, mir zu vertrauen?

Sag ab jedem Geist der Angst, der dir eingibt, ich würde dich überfordern oder du könntest mir nicht genügen. Sag ab jedem Geist des Misstrauens, der dir eingibt, ich meinte es nicht gut mit dir! Schenke mir dein kindliches Vertrauen. Du wirst es in Ewigkeit nie bereuen! Es gibt nichts Schöneres und Erfüllenderes, als mit ganzem Herzen mit mir zu leben und im Dienst des grossen Erbarmens Gottes mitzuwirken. Darum – aus Liebe zu dir selbst – entscheide dich für die Freundschaft mit mir. Sag Ja zu mir!»

Halten Sie einen Augenblick inne und lassen Sie diese Worte in sich nachklingen. Versuchen Sie zu spüren, in welcher Form Sie auf die Einladung Gottes in Ihrem Leben eine Antwort geben möchten.

Das Ja kann ein erster Schritt des Vertrauens sein: Es kann die Bitte um die Erfahrung Seiner Liebe und um mehr Vertrauen zu Ihm sein. Das Ja kann die feste Entscheidung zum Liebesbund der Taufe zum ewigen Mit- und Füreinander sein. Das Ja kann das bewusste Ja zur Firmung sein. Das Ja kann auch die Erneuerung meiner Taufe und Firmung sein.

Entscheidend ist nicht, wo wir jetzt stehen, sondern dass wir den nächsten Schritt tun. Denn es ist das grösste Geschenk unseres Lebens, uns für immer mit dem gewaltigen Gott der Liebe verbinden zu dürfen, uns tiefer in Seine Liebe hineinnehmen zu lassen und so mehr zum Segen zu werden.

Die Feier des Bundes

Entscheidung ist wichtig. Denn mit der Haltung: «Eigentlich möchte ich schon, aber...» kommen wir auf unserem Weg nicht weiter. Das Neue beginnt mit der Entscheidung. Die Kraft liegt in der Entscheidung.

Die Taufe bringt dies deutlich zur Sprache. In ihr wird eine Entscheidung gefeiert und besiegelt. Dort sprechen wir die beiden Entscheidungsworte «Ich widersage» und «Ich glaube», eine Entscheidung, die immer wieder erneuert und vertieft werden soll. Deshalb lädt uns die Kirche jeweils in der Osternacht ein, diese Entscheidungsworte «Ich widersage» und «Ich glaube» aus ganzem Herzen zu bejahen. Was aber bedeuten diese Worte?

Mit seinem Bekenntnis «Ich widersage» entscheidet ein Mensch, dass er sich von allen Einflüssen und Verlockungen des Bösen total lossagt und trennt: «Ich widersage allen widergöttlichen Mächten, Kräften, Gedanken und Lehren. Ich kehre mich von all dem ab und trenne mich davon!» Mit dieser Abkehr gibt der Mensch dem Leben eine neue Richtung.

Das «Ich widersage» ist nur der eine Teil des Taufgelübdes, gleichsam das Nein zur Unfreiheit. Denn erst wenn wir von allen wider-

göttlichen Bindungen frei geworden sind, können wir uns ganz dem Leben, dem Heil und der Liebe Jesu Christi öffnen. Das ist auch in unserem menschlichen Bereich so. Um heiraten zu können und eine gute Ehe leben zu können, muss man sich zuvor von allen «eheähnlichen» und in falscher Weise abhängig machenden Beziehungen trennen. Nur so kann das neue Miteinander in der Ehe zu einem Fundament für das weitere Leben werden.

Beim «Ich glaube» in der Taufe entscheiden wir uns für den Dreifaltigen Gott. Wir binden uns an Jesus Christus als unseren Herrn und Erlöser. Wir schauen nicht mehr nach möglichen «Anderen», sondern vertrauen Ihm, Seiner Liebe, Seiner Führung und Seiner heilenden Kraft.

Zu Veränderungen stehen

Entscheidungen führen zu Veränderungen. Auch bei uns bringen Lebensveränderungen oft Befürchtungen und Ängste mit sich. Bei uns sieht diese Angst vielleicht so aus: Was denken die Anderen, wenn wir auf einmal zu gewissen Fragen eine andere Stellung einnehmen? Wenn wir beten und in der Bibel lesen? Doch wenn die Anderen überhaupt etwas denken, werden wir für sie zu einem Zeichen. Sie werden sich vielleicht wundern und sich Gedanken machen. Bereits dadurch können wir zum Segen für sie werden. Und vergessen wir nicht: Wenn wir den Weg Gottes gehen, dürfen wir uns immer sehen lassen, ob der Weg in den Augen der Menschen modern ist oder nicht. Der Weg Gottes ist immer richtig und gut.

Wahre menschliche Grösse zeigt sich im Mut, zu Veränderungen zu stehen. Folgende Episode wird von Konrad Adenauer erzählt. Als er Bundeskanzler war, gab es im Reichstag eine erbitterte Diskussion mit der politischen Opposition. Mit engagierten Voten stand er für seine Überzeugung ein. Als er dann anderntags die Position der Opposition einnahm, fragte diese ganz verwirrt: «Aber gestern hatten Sie doch genau das Gegenteil behauptet.» Darauf sagte Konrad Adenauer: «Ja, das stimmt, aber was hindert mich, über Nacht hinzuzulernen und klüger zu werden?» Das ist wahre menschliche Grösse.

Ja, früher, bis jetzt dachte ich auch so, aber jetzt habe ich dazugelernt. Ich habe eine neue Erfahrung gemacht. Eine neue Sicht, was Christentum ist, wurde mir geschenkt. Hinter diese Erkenntnis und Erfahrung kann ich nicht mehr zurück. Dazu stehe ich jetzt. Wer ganz zu sich steht, strahlt Sicherheit und Stärke aus. Wer hingegen nicht wagt, ganz zu sich zu stehen, wird leicht manipulierbar und angreifbar.

Die Sendung leben

Entscheidungen für Gott führen in die Sendung für Gott zum Heil der Menschen. Dieser Ruf hat Jesus in der Predigt von Johannes dem Täufer wahrgenommen. Die Taufe am Jordan war für Jesus das Ja zur Sendung Seines Vaters. Dazu erhielt Er den Heiligen Geist und mit Ihm alle Gaben, die Er für Seine Sendung brauchte. Der Vater selber rüstete Ihn mit allem Nötigen für Seinen Dienst aus.

Von diesem Augenblick an, führte Ihn dieser Geist. Zuerst trieb Ihn dieser Geist in die Wüste, um da über Seine göttliche Sendung mehr Klarheit zu erhalten. Hier lernte Er, den Versuchungen Seines Weges zu widerstehen. In diesen inneren Kämpfen ist Jesus tiefer und klarer in die Sendung Seines Vaters hineingewachsen.

Der Heilige Geist gab Jesus die Klarheit, wen Er als Apostel und in die Jüngerschar berufen sollte. Geführt von diesem Geist setzte Jesus Zeichen des Erbarmens Gottes. Er befreite viele Menschen aus ihren Gebundenheiten und Abhängigkeiten. Er heilte die Kranken.

Die Menschen lebten auf. Sie freuten sich und lobten Gott. So offenbarte Er Gottes heilendes Wirken, das Reich Gottes.

Der Heilige Geist gab Ihm ein besonderes Wissen, so dass Er wusste, wie es in den Herzen der Menschen aussah. Oft wollte man Jesus eine Falle stellen. Da gab Ihm der Heilige Geist Worte der Weisheit ein, so dass alle nur noch staunten. Der Heilige Geist gab Jesus die Kraft, treu den Weg zu gehen, auch wenn dies fast überall Konflikte und Spannungen auslöste. Er gab Jesus die Kraft, treu das Martyrium des Kreuzes auf sich zu nehmen.

Wir können sagen: Der Heilige Geist war die Wirkkraft im Leben Jesu, die Ihm persönlich Hilfe und Kraft gab und durch die Jesus erlösend und rettend wirkte.

In Gemeinschaft gesandt

Derselbe Heilige Geist war und ist auch die Wirkkraft der Sendung Jesu nach dessen Tod und Auferstehung in der Kirche. So sagte am Ostertag Jesus zu den versammelten Aposteln: *«Wie mich der Vater gesandt hat, so sende ich euch.»* Dann *«hauchte er sie an und sprach zu ihnen: «Empfangt den Heiligen Geist» (Joh 20,21–22).* Jesus sendet nun seine Jünger. Auffallend ist der Wechsel von Einzahl zu Mehrzahl: *«Wie mich der Vater ... so sende ich euch.»* Auch der Sendende wechselt. Bei Jesus war es der Vater. Nun ist Jesus der Sendende.

Bereits der irdische Jesus hat Seine Jünger nie alleine, sondern normalerweise zu zweit, ausgesandt. Das weist darauf hin, dass Christsein kein Einzeldasein ist. Christsein hat wesentlich mit Gemeinschaft zu tun, *(Mt 18,20)* wo alle ihre Gaben einbringen zum Wohle des Ganzen. In solchem gegenseitigen Dienen ist Jesus gegenwärtig. Er offenbart Seine Nähe in ihren gegenseitigen Beziehungen. In ihrer Liebe zueinander breitet Er das Klima des Heiligen Geistes – Seine Gegenwart – aus. So sollen wir *«Christi Wohlgeruch» (vgl. 2 Kor 2,15)* ausströmen.

Am Ostertag gab Jesus den Aposteln *«den Heiligen Geist».* Er ist in der neuen Sendung der Hauptwirkende. Dasselbe bezeugt das vierte eucharistische Hochgebet: «Damit wir nicht mehr uns selber leben, sondern ihm, der für uns gestorben ist und auferstanden ist, hat er von dir, Vater, als erste Gabe für alle, die glauben, den Heiligen Geist gesandt, der das Werk deines Sohnes auf Erden weiterführt und alle Heiligung vollendet.»

Gottes Geist befähigt und gibt auch uns heute Freude, unsere Sendung zu leben. Diese Freude haben die Apostel, die 120 Jüngerinnen und Jünger an Pfingsten erlebt. Voll Freude begann für sie ein neuer Weg. Voll Freude liessen sie sich vom Auferstandenen senden. Heute sind wir an der Reihe, wie damals die Jüngerinnen und Jünger im Abendmahlssaal an Pfingsten. Heute sind wir an der Reihe, uns in den Leib Jesu eingliedern zu lassen. Heute sind wir an der Reihe, Ja zu sagen, die Kraft des Heiligen Geistes zu erbitten, durch uns strömen und wirken zu lassen. Heute sind wir an der Reihe, unser Leben in den Dienst der Liebe Gottes zu stellen. Dann werden wir – wie Maria, wie die Apostel, wie ungezählte Jüngerinnen und Jünger – zum Segen für die Menschen, ja zum Segen für die ganze Welt.

So dürfen wir mit Freude Ja sagen zum Taufbund und zu unserer Sendung. Denn Gottes Ruf und Erwählung will zuallererst Seine Erwählten glücklich machen. Er will, dass sie Sein Heil in der ganzen Fülle erfahren. Er möchte durch Seine Erwählten allen zeigen, wie gross, liebend, heilend, befreiend und beglückend Er ist.

Liebe Leserin, lieber Leser

Vielleicht nehmen Sie jetzt in sich die Sehnsucht wahr, Ihr Ja zur Taufe und Firmung auszusprechen oder es zu erneuern. Wenn sich Ihnen dazu keine gemeinschaftliche Möglichkeit bietet, können Sie diesen Schritt auch persönlich vollziehen. Anregungen finden Sie dazu im Teilnehmerheft ab Seite 84. Anschliessend laden wir Sie wiederum ein, das Thema mit Hilfe der Tagestexte im Teilnehmerheft zu vertiefen.

9. Ein Blick nach vorn – «Dein Weg geht weiter»

Wenn zwei Menschen sich gern haben und heiraten, dann freuen sie sich auf das Mit- und Füreinander. Ich habe schon viele Paare getraut, habe noch keines erlebt, wo ein Partner mir sagte: Muss ich unbedingt diese oder diesen heiraten – lieber würde ich nicht. Nein – alle taten dies mit Freude! (Dass dann bei einigen diese Freude verloren ging, ist sehr schade!)

Eine noch tiefere und umfassendere Freude kommt in uns, wenn wir der grossen Liebe unseres Lebens begegnen: Jesus Christus. Wo immer Menschen Gott begegnen und ihr Leben Gott öffnen, kommt Freude in ihr Leben. Horizonte öffnen sich. Eine neue Qualität von Leben wird möglich.

Gottes Liebesbund

Gott sucht von sich aus eine Beziehung zu uns Menschen. Er möchte in einer verbindlichen Beziehung – in einem Bund – mit uns leben. So geht das Thema Bund (Bundesfeier, Hochzeit) wie ein roter Faden durch die ganze Heilige Schrift.

Beim Propheten Jeremia drückt Gott Seine Liebe zu uns so aus: *«Mit ewiger Liebe habe ich dich geliebt, darum habe ich dir so lange die Treue bewahrt» (Jer 31,3b)*. Bereits bei unserem ersten Treffen hörten wir davon, dass Gott uns seit Ewigkeit her erwählt hat. Ein «ewiger Strom» von Liebe ist hinter unserem Leben da.

Jesaja schreibt: *«Wie der junge Mann sich mit der Jungfrau vermählt, so vermählt sich mit dir dein Erbauer. Wie der Bräutigam sich freut über die Braut, so freut sich dein Gott über dich» (Jes 62,5)*. Gott, der Schöpfer des ganzen Universums, will sich mit uns vermählen, einfach gewaltig! Und wie der Bräutigam sich freut über die Braut (und hoffentlich auch umgekehrt), so freut sich Gott über Sie, über mich, über jeden von uns!

Selbst wenn wir im Einhalten des Bundes untreu werden, wird Er uns die Treue halten. Der Prophet Ezechiel beschreibt die Zusage Gottes: *«Ich will meines Bundes gedenken, den ich mit dir in deiner Jugend geschlossen habe, und will einen ewigen Bund mir dir einge-*

hen» (Ez 16,60). Ewig will Gott verbunden sein mit uns. Ewig will Er uns lieben und beschenken.

Wer Sein Ja zum Taufbund gesagt hat, und sich entschieden hat, mit Jesus Christus als Bundespartner zu leben, bei dem hat sich in seinem Lebensfundament Wesentliches geändert. Sein Leben gehört nun Jesus Christus.

Mit diesem Ja erhält unser Leben ein unzerstörbares Fundament, das uns durch alles hindurch tragen kann und will, wie Paulus schreibt: *«Ich bin gewiss: Weder Tod noch Leben, weder Engel noch Mächte, weder Gegenwärtiges noch Zukünftiges, weder Gewalten der Höhe oder Tiefe noch irgendeine andere Kreatur können uns scheiden von der Liebe Gottes, die in Christus Jesus ist, unserem Herrn» (Röm 8, 38–39).* Nun haben wir für immer einen verlässlichen Freund und Partner an unserer Seite.

Jesus ist nun immer für uns da. Er geht immer mit uns. Er lässt uns nie mehr allein – das ist absolut sicher. Wir müssen also nie mehr rufen: «Jesus komm doch endlich! Wo bist Du nur?» Da wird uns Jesus zu verstehen geben: «Schau, öffne die Augen – ich bin da! Ich werde dich nie verlassen. Ich werde Dir immer zur Seite stehen – immer!» Aus dieser Gewissheit des Bundes, des Zusammengehörens, dürfen wir nun leben.

Aus dem Bund leben

Jesus ist mit Seiner Liebe und Kraft immer an unserer Seite. Die Frage ist jedoch, ob wir Seiner Liebe glauben, aus ihr leben und so Seine Liebe und Sein Wirken erfahren. Das hat wesentlich mit unserer Beziehung zu Ihm zu tun.

Unsere Beziehung zu Gott kann wie jede Beziehung wachsen oder verkümmern. So stellt sich nun die Frage: «Möchte ich, dass meine Beziehung zu Gott weiterwächst?» Es ist gut, sich dieser Frage redlich zu stellen, denn die Pflege einer Beziehung braucht Zeit.

Das können wir schnell erkennen, wenn wir an Freundschaften oder an die Ehe denken: Wenn wir für eine Beziehung keine Zeit mehr haben, dann verkümmert sie. So ist es auch mit unserer Beziehung zu Gott. Sie wächst nicht automatisch weiter. Wenn uns die Beziehung zu Gott wichtig ist, dann müssen wir dafür Zeit investieren. Darum die Frage: Bin ich bereit für die Freundschaft mit dem Dreifaltigen Gott Zeit zu investieren? Denn was mir wichtig ist, dafür finde und nehme ich mir Zeit!

Leben aus dem Hören auf Gott

Eine Liebesbeziehung beginnt mit dem Aufeinander achten. Im Hinhören kann ich vernehmen, was den Andern beschäftigt, was ihm oder ihr wichtig ist, und wofür das Herz des andern schlägt. Und je mehr uns das Wesen des Andern vertraut wird, desto mehr können wir ihn auch lieben. Wir können dann auch mit vermeintlichen oder offensichtlichen Schattenseiten besser umgehen, weil unser Einfühlungsvermögen wächst. Eine Liebesbeziehung kann sogar so weit gehen, dass wir uns an den Leiden des Andern immer weniger stören, sondern dass wir innerlich mitfühlen und mitleiden.

Das Leben Jesu war ganz auf Seinen Vater ausgerichtet. Er suchte auf die Stimme Seines Vaters zu hören. Jesus war davon beseelt, Seine Sendung zu erfüllen und in allem den Willen des Vaters zu tun. So sagt Er im Johannes-Evangelium: *«Von mir selbst aus kann ich nichts tun; ich richte* (handle), *wie ich es (vom Vater) höre ... weil es mir nicht um meinen Willen geht, sondern um den Willen dessen, der mich gesandt hat» (Joh 5,30).* Jesus lebte ganz aus Seinem Vater heraus, aus den Gedanken des Vaters, aus Seinem Urteil und Seinen Plänen. Ihm allein wollte Er dienen.

Wenn wir dem Taufbund bewusst zugestimmt haben, dann haben wir uns entschieden, mit Jesus Christus und für Ihn zu leben. Wir haben somit einen Partner an unserer Seite. Unser Leben gehört Jesus Christus. Ihm haben wir es anvertraut. Wer ganz «Ja» gesagt hat zu Jesus Christus, der gibt Ihm den ersten Platz im eigenen Leben, das heisst Jesu Wille hat oberste Priorität!

Das lässt dann fragen: «Jesus, mein Herr und Meister, was hast Du mit mir vor? Wie soll ich meine Zeit nach Deinem Willen verbringen? Wie möchtest Du, dass nun mein Weg weitergeht?

Eine besonders gute Hilfe im Hören auf Ihn ist das tägliche Lesen des Wortes Gottes. Dabei geht es weniger um das «Wissen» eines Inhaltes, sondern mehr um ein «Vertrautwerden» mit den Gedanken Gottes, um das Wahrnehmen Seiner «Stimme».

Je mehr wir mit der Botschaft Gottes – vor allem in den Evangelien vertraut werden, desto mehr werden uns die Gedanken Jesu im täglichen Leben begleiten. Vielen Frauen und Männern ist es zu einer grossen Hilfe geworden, täglich in der Heiligen Schrift zu lesen.

Das Teilnehmerheft mit den täglichen Schriftlesungen geht nun zu Ende. Wir empfehlen Ihnen für die Vertiefung Ihrer Beziehung mit

Aus dem Bund leben – Aufbruch in neue Dimensionen des Lebens.

Gott, sich mit einer «Bibellesehilfe» täglich einen Augenblick Zeit für die Beziehung mit Gott zu nehmen.

Solche Zeiten der täglichen Gemeinschaft mit Gott werden mit Vorteil zur möglichst selben Tageszeit gestaltet. So wird diese Zeit zu einem festen Bestandteil Ihres Tagesablaufes. Wenn wir uns nur dann Zeit nehmen, wenn es uns darum zu Mute ist, besteht die Gefahr, dass unsere Zeiten der trauten Zweisamkeit mit Gott immer seltener stattfinden.

Christliche Gemeinschaft

Jesus hat nicht einzelne Menschen in je eine private Beziehung zu sich gerufen, sondern hat sie von Anfang an als Gemeinschaft um sich gesammelt. So rief Jesus die zwölf Apostel zwar je persönlich, aber zugleich integrierte Er sie in die Gemeinschaft, in die Jüngerschar.

Als an Pfingsten der Heilige Geist dreitausend Menschen innerlich berührte, begannen sie, sich in neuen kleinen Gemeinschaften zu treffen. Paulus gründete später auf seinen Missionsreisen überall solche Gemeinschaften, Gemeinden Jesu Christi. So hat von Anfang an der Heilige Geist die Christen zur Gemeinschaft zusammengeführt. Die Liebe, das Miteinander und Füreinander in diesen Gemeinschaften war nach aussen hin ein wesentliches Kennzeichen der Christen: «Seht, wie sie einander lieben!» (Tertullian 160–220 n. Chr.)

Auch heute ist es ein Kennzeichen des Heiligen Geistes, dass Er Menschen zusammenführt und eine innere Verbundenheit wachsen lässt. In einer Zeit, in der immer mehr Menschen in unserer Gesellschaft vereinsamen und das Beziehungsnetz zu wirklichen Freunden bei vielen immer kleiner wird, ist die christliche Gemeinschaft als Ort der Gegenwart Gottes besonders wichtig.

Jesus sagte: *«Wo zwei oder drei in meinem Namen versammelt sind, da bin ich mitten unter ihnen» (Mt 18,20).* In der Gemeinschaft wirkt Jesus Christus in besonderer Weise. Die christliche Gemeinschaft ist der bevorzugte Ort der Gegenwart Jesu Christi in der Welt.

Wer sein Christsein alleine leben möchte, steht in Gefahr bei Schwierigkeiten schneller aufzugeben. Regelmässige Gemeinschaft mit anderen Christen ist deshalb für die geistliche Entwicklung von grosser Bedeutung. Wir ermutigen Sie, in Ihrer Region Ausschau zu halten, nach anderen Christen, mit denen Sie sich regelmässig zum Erfahrungsaustausch und zur gegenseitigen Ermutigung in der Nachfolge Jesu, zum gemeinsamen Dank-, Lob- und Bittgebet, zum Betrachten des Wortes Gottes und zum gemeinsamen Engagement vor Ort, ... treffen können.

Dem Reiche Gottes dienen

Im Heiligen Land gibt es zwei Meere: das Meer von Galiläa, auch See Gennesaret genannt, und das Tote Meer. Beide werden vom Jordan gespeist, denn dieser Fluss durchfliesst den See Gennesaret, und mündet später ins Tote Meer. Das eine Meer, der See Gennesaret, ist ausserordentlich fruchtbar und reich an Fischen. Das andere Meer ist tot. Warum?

Der See Gennesaret gibt das Wasser weiter, das Tote Meer dagegen hat keinen Abfluss. Es ist nicht in Bewegung. Durch die starke Verdunstung ist der Salzgehalt so hoch, dass in diesem Wasser kein Leben mehr möglich ist. Das Tote Meer gibt das empfangene Jordanwasser nicht an seine Umgebung weiter. Dieses Fehlen von Bewegung und Weitergabe führt letztlich dazu, dass dieses Wasser «tot» ist.

Hier zeigt sich: Im Weitergeben des Empfangenen wird unser Leben fruchtbar. Das hat uns Jesus vorgelebt. Er gab die Liebe Seines Vaters allen Menschen weiter. Seine besondere Vorliebe galt dabei den Armen, den Zukurzgekommenen, den Menschen in Not. Auch bei uns gibt es heute vielfältige, menschliche Not. Es gibt seelische Nöte, materielle Nöte, leibliche Nöte, Glaubensnöte und vieles mehr.

Jesus möchte auch heute Seine Liebe anbieten, und zwar durch uns. Dort, wo wir leben und wohin wir uns gerufen wissen, gilt es, die Liebe Jesu Christi weiter zu schenken und so dem Reich Gottes mit einem dankbaren Herzen zu dienen.

Dieses Mitwirken im Reich Gottes war und ist auch heute nicht einfach. Wo wir uns für eine Verlebendigung der Kirche, für Wahrheit, Gerechtigkeit, für den Schutz des Lebens usw. einsetzen, braucht es Kraft, um die Schwierigkeiten, Widerstände und Enttäuschungen zu überwinden. Da sind wir besonders auf die Hilfe und den Beistand des Heiligen Geistes angewiesen, um die Freude und Begeisterung nicht zu verlieren. Der Heilige Geist ermutigt und befähigt uns, froh zu leben und so am Aufbau und an der Gestaltung von Kirche und Gesellschaft mitzuwirken und dabei auch Resignation zu überwinden: *«Denn Gott hat uns nicht einen Geist der Verzagtheit gegeben, sondern den Geist der Kraft, der Liebe und der Besonnenheit» (2 Tim 1,7).*

Unseren «Platz» im Reich Gottes ausfüllen

Der Heilige Geist hilft uns, den je eigenen Beitrag im Aufbau des Reiches Gottes auszufüllen. Dazu eine Geschichte: Ein Christ, der nie zufrieden war mit dem Zustand der Pfarrei, der immer etwas zu nörgeln hatte und die anderen kritisierte, träumte, er sei gestorben, und ein Engel trüge ihn in die Ewigkeit hinauf. Droben war ein herrlicher Tempel. Der Christ bestaunte mit grossen Augen dieses wunderbare Bauwerk. Plötzlich aber entdeckte er im Gewölbe eine Lücke. Offenbar fehlte da ein Stein. So sprach er zum Engel: «Was ist denn das für eine hässliche Lücke?»

Dieser antwortete: «Das ist die Lücke, die du gemacht hast. Gott hatte gerade dich bestimmt, diese kleine Stelle auszufüllen. Du hattest aber immer andere Dinge im Kopf. Du wolltest etwas Grösseres, Strahlenderes sein, und so bist du nie dazu gekommen, diese deine Lücke, die Gott dir zugemutet hat, zu füllen.»

Darüber wachte der Mann auf, liess nun das Klagen und Schimpfen über all die Fehler und Schwächen in der Gemeinde Gottes bleiben und arbeitete künftig zufrieden mit. Er wollte seine Lücke am Tempel Gottes füllen – und Sie?

Liebe Leserin, liebe Leser

Am Ende jedes Kapitels ermutigten wir Sie, konkrete Schritte in Ihrem Alltag umzusetzen. Heute möchten wir Sie zu zwei Schritten ermutigen. Suchen Sie an Ihrem Wohnort oder in Ihrer Nähe eine Gruppe von Christen, die sich regelmässig um das Wort Gottes versammelt. Nehmen Sie mit ihnen Kontakt auf, damit Sie ein- bis zweimal bei ihrem Gruppentreffen «schnuppern» dürfen.

Die zweite Anregung betrifft die regelmässige Schriftlesung. Bestellen Sie ein Probeexemplar der Monatsschriften «Magnificat» (www.magnificat.de) oder «Te Deum», (tedeum – beten.de) welche sich an der liturgischen Lesung der Kirche orientieren und lesen Sie möglichst täglich darin. Oder schauen Sie ins Buch «Nachfolge –

Gottes Reich wächst – Impulse zum Lukas-Evangelium und zur Apostelgeschichte» hinein. (Vgl. www.weg-verlag.ch). Denn was wir lesen und in uns aufnehmen, prägt uns.

Quellenhinweise

Literatur

Boulad Henri: Mystische Erfahrung und soziales Engagement, Otto Müller Verlag, Salzburg/Wien 1997.
Bailey, Kenneth,in: Nouwen, H.J.M.: Nimm Sein Bild in Dein Herz, Seite 49. Herder Verlag, Freiburg i.Br. 1991.
Gartner, Kurt: Lieber Bruder Bischof. Verlag Herder, Freiburg 3. Auflage 1990.
Hoffsümmer, Willi (Hg.): Kurzgeschichten. Matthias-Grünewald-Verlag, Mainz,1993.
Hoffsümmer,Willi (Hg.): Kurzgeschichten 1, Matthias-Grünewald-Verlag, Mainz, 1983.
Rohr, Richard: Vision einer neuen Welt. Verlag Herder, Freiburg i. Br. 1996.
Texte der Kirchenväter. Kösel Verlag, München 1964.
Widmann, Gertrud: Die Bilder der Bibel von Sieger Köder. Schwabenverlag, D-Ostfildern 1995.

Bildnachweise

S. 10: Rose, © T. Markart; S. 13: Baby, © C. Loose; S. 17: Kind in Vaterhänden, © Gertie Burbeck; S. 21: Junge, © kryczka; S. 25: Sonne, © Erich Spieldiener; S. 28: Kreuzabnahme © Sieger Köder; S. 32: Frau, © esolla; S. 36: Zachäus © Sieger Köder; S. 49/57: «Die Rückkehr des verlorenen Sohnes», Rembrandt Harmenszoon van Rijn, Ermitage in Petersburg (RU); S. 60: Kreuzigungsmaterial © James Pauls; S. 65: Jesus am Kreuz, © Darryl Montreuil; S. 67: Händedruck, © Scott Anderson; S. 72: Dreifaltigkeit, Kirche Urschalling © Foto Berger Prien – Deutschland; S. 77: Pfingstereignis – Rabula-Cohen Syrien, 568 n. Chr.; S. 83: Taube Hl. Geist, © Nikada; S. 86: Bild offene Hände © Oleg Prikhodko; S. 93: Marcel Bregenzer © WeG Verlag; S. 97: Kindertaufe, © Jason Doiy; S. 100: Volle Kirche © Franky De Meyer; S. 104: Maria, © Maryann Bates; S. 108: Hände, © Crisma; S. 115: Yacht, © Monika Lewandowska.

Veröffentlichungen des WeG Verlages

Reinkarnation und Auferstehungsglaube
Sachlich und informativ wird hier aus christlicher Sicht aufgezeigt, worin sich Auferstehungsglauben und Reinkarnation unterscheiden. Die Schrift dient allen, die für sich selbst hierüber mehr Klarheit suchen oder andere klärend begleiten möchten. Sie vertieft die Auferstehungsfreude. *68 Seiten mit 6 Farbbildern*

Vom Diesseits zum Jenseits. Tod – und was dann?
In dieser Schrift werden – ausgehend von der Bibel – in einfacher und verständlicher Form folgende Themen erläutert: Das christliche Sterben, die Wiederkunft Jesu Christi, das Gericht, die Hölle, das Fegfeuer und der Himmel. Sehr hilfreich! *48 Seiten mit 5 Farbbildern*

Gebote als Lebenshilfe. Die Zehn Gebote neu erklärt
Die Zehn Gebote sind die Grundlage der menschlichen Gesellschaft. Ausgehend von der biblischen Ursprungsbedeutung wird der heutige Sinn der Gebote dargelegt. Dabei wird offensichtlich, wie die Gebote uns helfen, das Leben besser und froher zu gestalten. *112 Seiten*

Nachfolge – Gottes Reich wächst! Impulse zum Lukas-Evangelium und zur Apostelgeschichte.
Sämtliche Texte werden in 208 Impulsen verständlich erklärt und geben inspirierende Impulse für die Nachfolge Jesu. Biblisches Wissen und geistliche Deutung ergänzen sich. Auch als Nachschlagewerk geeignet. *336 Seiten mit 18 Farbbildern*

«Willst du gesund werden?» Gottes Wege zum Heil. Mit Unterscheidungshilfen zu alternativen Heilpraktiken.
Viele Menschen suchen nach Heilung und Hilfe in ihren Beschwerden und Leiden. Gott will uns Menschen glücklich machen und uns in vielfältiger Weise Heilung und Heil schenken – auch heute! In diesem Buch wird Gottes Sicht über Heilung und Krankheit dargelegt und ermutig, Gottes Wegen zum Heil zu vertrauen und ihnen zu folgen. Dazu werden, ausgehend vom christlichen Welt- und Menschenbild, Unterscheidungshilfen zu heute aktuellen (vielfach östlichen) Heilpraktiken dargelegt. *168 Seiten*

Islam – Christentum. Eine aktuelle Herausforderung
Was ist der Islam? Wie ist er entstanden? Wie steht er zu Krieg und Terror? Welche sind die Unterschiede zum christlichen Glauben? Wie sollen wir uns Muslimen gegenüber verhalten? Dieses einfach verständliche Buch gibt eine gute Grundeinführung in diese Fragen und hilft uns vieles besser zu verstehen. *160 Seiten mit 17 Farbbildern*

Weitere Informationen über die Schriften des WeG Verlages mit Bestellmöglichkeit sowie Impulstexte, Video- und Audiovorträge finden Sie unter: www.weg-verlag.ch und www.leotanner.ch